JN101698

武士の衣服から歴史を読む

古代・中世の武家服制

佐多芳彦
SATA YOSHIHIKO

吉川弘文館

目　次

図版目次

本書引載の図版類は，衣服の形状や着ている様子を見やすいように，原則としてトレース画を用いた。また，一部，トレース画のもととなった絵画原本の写真も併載している。

はじめに

プロローグ

武士。もののふ。朝廷とともに日本の歴史を二分した人々。その武士についてわれわれはどれほど知っているのであろう。

筆者は前近代の衣服と儀式・儀礼について考えてきた。朝廷貴族社会についてはそれなりに先行研究があるものの，武士についてはめぼしいものがない。

武士の姿は，現代の日本人にとって身近な存在であることは疑いない。時代小説や時代劇などのテレビドラマ，挙句はバラエティ番組やコマーシャル，ゲームやコミックにまで武士の姿はあらわれる。何気なく，つけっぱなしにしているテレビの画面に武士の姿を目にしない日はないのではないだろうか。ただし，その姿は江戸時代に入って以降のいわゆる「侍」である。頭は月代（さかやき）を剃り，いわゆる「ちょんまげ」を結い，裃（かみしも）や羽織（はおり）を身にまとい，あるいは袴（はかま）をはかない着流し姿で，大刀・小刀を落とし差しに腰にさす，そんな姿をイメージする。

われわれは，政治権力の推移や合戦，文化的な所為や業績，古戦場や城郭などを通じて語られる武士の姿しか知らない。しかし，武家社会全体の生活習慣や文化的志向など，どうもよくわからないことが多いように思う。あるいは，百歩譲って，合戦などの戦陣における武士の姿についてであれば，多少知識があるかもしれない。甲冑（かっちゅう）を身につけ，武装した勇猛果敢なイメージで語られる。武士にとって，戦争こそ，その職能の中心であり，自己の存在理由であった。しかし，彼らは四六時中，朝から晩まで戦争をしていたわけではない。われわれはどうもかたよった武士観を抱いているように思えてならない。武士のごく限られた一側面のみを知り，武士全体に普遍して理解したつもりでいるにすぎないのかもしれない。

一体，武士はどのように自らの身分を服装で示したのであろうか。武士。われわれは武士について，どれだけのことを知っているのだろうか——。

図1・2をご覧いただきたい。平安時代の末期，12世紀のころに制作された

『粉河寺縁起絵巻(こかわでらえんぎえまき)』という絵巻物がある。図1は絵巻後半の利生譚(りしょうだん)に描かれた人物の一人である。この姿が約400年後の江戸時代，武士の正装である『徳川(とくがわ)盛世録(せいせいろく)』所載の肩衣上下姿(かたぎぬかみしもすがた)（図2）へと変化する。

この変化に何を読み取ることができるであろうか。一見，関連があるのは上衣と袴から構成されているということだけで，ほかはほとんど共通点のないようにみえる両者だが，実は図2の服装の起源が図1となる。いったい何が起きるとこうした変化がもたらされるのか。それは具体的にどんな変化なのか。武士の服装に興味を抱くきっかけがこれだった。両者の服装を少しだけ解説してみよう。

前者は，研究上「袖細直垂姿(そでぼそひたたれ)」とよばれている姿である。少しくたびれたような，やわらかそうな烏帽子(えぼし)をかぶり髻(もとどり)の上あたりを紐で縛って固定している。同じく柔らかそうな素材の，胸紐と袖括りの紐か緒のついた筒袖の上衣に共裂(ともぎれ)の袴をつけ，脛(すね)には脚半(きゃはん)を巻く。矢を入れて携帯するための箙(えびら)という入れ物を右の腰につけ，左手には七曲(ななもじり)の丸木の弓を持つ。右の腰には虎か豹の毛皮の尻(しん)鞘(ざや)をさした黒漆の太刀を佩(は)いている。一見したところ，下級の武士，地方の武士といった雰囲気だ。

後者は，江戸時代のもっとも完成された様式の肩衣上下姿で，略して「裃姿」とよばれることも多い。頭部の髪は月代を剃りあげ，後頭部で髻(もとどり)を結う近世的な武士の髪型でなじみ深いものだろう。袖の無い肩衣(かたぎぬ)と袴は小紋の共裂で，下には慶事の贈答に添える飾り「熨斗(のし)」に似ていることから「熨斗目(のしめ)」とよばれた小袖を重ねる。扇子(せんす)と小刀を腰にさす姿で，「大名」「幕臣」といえばこれを思い起こす方も少なくなかろう。なお，本書では武士の衣服をあつかうが，行論に応じて庶民の衣服にも触れる。「なぜ？」といぶかしく思われる方もおられるだろうが，それは読み進めていかれると武士の衣服と庶民の衣服は不可分の関係にあるということがご理解いただけると思う。そこに武士や武士身分をしっかり考えるヒントがある。

さて，武士の衣服や服制の最大の魅力はなにか。それは武士の衣服の起源が漠然とだがわかること，そして，図1から図2への変化の過程がほぼ間断なく見渡せることだ。そして，日本の歴史における武士の社会進出と連動していることが読み取れることも忘れてはならない。こうした視点で行論するにあたり，

図1 『粉河寺縁起絵巻』利生譚に描かれた人物　袖細直垂姿

図2 『徳川盛世録』所載の武士　江戸時代末期頃の完成された裃姿

武士の衣服研究の魅力や筆者の研究の基盤である有識故実について，さらに本書で多用する絵画史料に関して簡単に述べたい。本書を読み進めていただく上での導入となってくれればと考えている。

有識故実とは

本書が拠って立つのは，有識故実とよばれる歴史学の基礎学の一つである。武士とその服装などの本題に入る前に，まず，この有識故実のことを簡単に説明し，筆者と本書の依拠する知識について説明しておきたい。筆者の立場や素性？もここであきらかにできると思う。

有識故実とは，元来，朝廷貴族社会が生み出した，公私の生活を送る上で必要不可欠な知識のことを指した。したがって学問というよりは，実生活に根差した実用の知識の色合いが強い。学問として学校教育や歴史学研究に位置づけられるのは近代，明治時代に入ってからのことというのは案外知られていないかもしれない。

その起源は，平安時代，厳格かつ複雑な身分秩序をもつ朝廷貴族社会の人々が，社会規範や風俗習慣に違えることのないよう社会生活を送るために必要であった雑学的な知識でもあった。やがて武士が日本の歴史に社会的・政治的に力を得ていく過程で，彼らの社会なりの身分秩序と序列を生み出すこととなる。「武家故実」の誕生である。武士はその整備に努める一方，朝廷貴族社会への参画が，政治権力や富，利権を得るために欠かせないこととして認識されていた。そのため，朝廷貴族社会の人々と接触し，公私において交流をはかることで儀式・儀礼観を模倣し継受した。この意味において，鎌倉幕府期は武士にとって政治的にも文化的にも模索期でもあり，まだまだ未成熟であったことは疑いない。政治的には，室町幕府期になって，身分秩序と序列の可視化のために武家故実の体系化が一気に進んだ。室町期に醸成された武家故実は，徳川幕府により受け継がれ，さらに武家社会の実相と同幕府の武家社会の支配を具現化する規範として確固たるものとなった。

筆者は，有識故実という知識を通じて歴史を築き上げてきた人々のことが知りたい。だから，本書も，武士の装いに注目しつつもその向こう側に武士とその周辺の人々を考えようとするものとなろう。

武家服制研究の史料

歴史に姿を現わし始める平安時代末期の武士たちは，近世のような明解な身分ではなく，いまだ「職能」すなわち「「武力」を行使する能力を有した職能者」に過ぎなかった。本書で最初にとりあげる古代末期に出現する武士たちのうち，多くは未だ地方の地域に居住し，半農の人々が多かった。そうした彼らの生活の実際は，当然，貴族社会の人々とは異なるもので，たとえば農作業や牛馬の世話などの労働が中心であったことは想像に難くない。初期の武士たちの多くは農民などの庶民とおよそ大差ない生活文化であったということだ。各地域の武士たちがどのような儀礼観を有していたのかを明確に語る文献史料もない。なんらかのつながりを共有する人の集団において，個々の人々が相互にどのようなつながりをもつのか。それは，血縁，地縁，あるいは上下関係などであろう。こうしたことが明らかにならないと，本書であつかうような人と衣服の関係を明らかにすることはできない。

特に衣服は，誰と居合わせるか，場所はどこか，対面している人とはどのような関係か，といったことが非常に重要になる。好例は儀式・儀礼であろう。後述するが，鎌倉幕府が軍事的な権力集団としてつくられるその初期段階においては，幕府の儀式・儀礼はまだ固まって（定まって）いなかったようだ。幕府の頂点たる源頼朝（みなもとのよりとも）は御家人たちの儀式・儀礼に興味をもち，家々により異なることに気づき，また，統一的な幕府の規範を定めるよう指示する。こうした儀式・儀礼の整備とともに当事者である武士たちの儀式・儀礼のルールが整えられ，さらに儀礼観が育まれていく。衣服を研究対象とする場合，儀礼観に基づかない研究を繰り返しても，衣服そのもののことしかわからないし，有職故実，ひいては歴史学研究として成立しない。衣服と儀礼観がどのようにかかわっているか，文献であろうと絵画であろうと，史料に触れるとき，常にフィルタリングをおこなう必要がある。

武家服制と絵画史料

しかし，幸運なことに，平安時代末期の庶民や初期の武士とみられる人々のことが，美術史上の芸術作品（以後「絵画史料」と呼称する）中に想像以上に図像化されているのである。たとえば，平安時代末期から鎌倉時代初・中期の『信貴山縁起絵巻（しぎさんえんぎえまき）』『粉河寺縁起絵巻（こかわでらえんぎえまき）』『伴大納言絵巻（ばんだいなごんえまき）』『病草紙（やまいのそうし）』『鳥獣人物戯画巻（ちょうじゅうじんぶつぎがかん）』『年中行事絵巻（ねんじゅうぎょうじえまき）』『扇面古写経下絵（せんめんこしゃきょう したえ）（扇面法華経下絵）』『平治物語絵巻（へいじものがたりえまき）』『承久本北野天神縁起絵巻（じょうきゅうぼんきたのてんじんえんぎえまき）』，鎌倉時代末期の『男衾三郎絵詞（おぶすまさぶろうえことば）』『松崎天神縁起絵巻（まつざきてんじんえんぎえまき）』『一遍上人絵伝（いっぺんしょうにんえでん）』『春日権現験記絵（かすがごんげんげんきえ）』などがある。中世では肖像画や一連の洛中洛外図屛風（らくちゅうらくがいずびょうぶ）などの風俗画がさらにたくさん現代に伝えられている。風俗・習慣や衣食住全般など，それは豊かな研究資源であることに相違ない。文献以上に彼らの服や服装，周辺の諸事を事細かに知ることが可能となる。

さきほど，衣服研究における儀礼観の重要性に触れたが，この意味で絵画史料には非常に高い有用性がある。絵画史料にはさまざまな場面が描かれる。作画上の人物たちは制作者である画家の意図を示すためにさまざまな装いで包み込まれ，各種の道具・持ち物を持たされ，そして，配置される（ときに布置される）。画家の人物の取り扱いは，場面を説明するための媒体であり，描こうとする物語を進行していくため，観る人に人物の位置づけを説明し，しっかりと把握してもらうための触媒として機能している。これらが示すものをつぶさに観察するとそこに描かれた時代のさまざまな特色が見いだせる。衣服や道具類の形状や仕様なども含まれるのだが，意外にもその時代・その世界の儀礼観も読み取ることが可能だ。さらにいえば，衣服なら実際に人が腕を通して身にまとうとどのように見えるか，どのようにしわが入るのか，といったことも読み取ることができる場合もある。道具なら，どのように持ち，どのように扱うのか，使用の実際を知ることができる。いいことばかりにみえるが，実際は絵画史料特有の強調を目的とする創作や辻褄合わせを見抜き，読み取る必要がある。

さて，それでは武士の服と服装の探索の旅を始めようと思う。

第 1 部

武士の出現，直垂の誕生

平安時代末期の貴族，九条兼実の日記『玉葉』寿永2年（1183）11月6日条を見てみたい。時代背景としては，治承・寿永の乱における源氏と平家の戦いがある。

この兵乱は，古代から中世への転換期にあたる1180年代の内乱の総称で，源平合戦といったほうがわかりやすいだろう。きっかけは1179年（治承3）11月の平清盛による後白河上皇幽閉であった。これを機に反平家の人々の動きが始まる。ついに翌年5月，源頼政の助けで以仁王が挙兵，のち敗死するが8月に源頼朝が伊豆で挙兵し，源義仲らの挙兵が続く。治承・寿永の乱のはじまりである。同年10月，石橋山の戦で一度は敗北した頼朝だが，富士川の戦に勝利を得て，東国の支配が進み始めた。その後，清盛の死去を経て，1183年，北陸から義仲が京都に攻め入り，平家の「都落ち」の局面が始まる。その後，頼朝は義仲と不仲になり，後白河上皇の支持を取り付けた頼朝は法住寺殿合戦を機に京にのぼる。そして1184年1月，義仲を滅ぼし入京した。さらに，翌月，一谷の戦で平家軍を破り，西国に平家を追う戦いが最終段階に入る。源義経が1185年（元暦2）2月，屋島の戦を征して勝利，3月の壇ノ浦の戦で平家は滅亡する。

以上が治承・寿永の乱の概要だが，武士が政治の表舞台に武力と地域支配をもって台頭してきた，まさにその時でもあった。

今，述べたように源氏と平氏の軍事的均衡は崩れ，平氏は都落ちし，取り残された平頼盛は正二位権大納言を解官され，鎌倉の源頼朝のもとに降った際の記事が次に示すものである。

> 或人云，頼盛已来着鎌倉，唐綾直垂，立烏帽子，侍二人，子息皆悉相具，各不持腰刀・剣等云々，頼朝白糸葛水干立烏帽子対面，郎徒［従カ］五十人許群居頼朝後云々，其後頼盛宿相模国府，去頼朝城，一日之行程云々，以目代為後見云々，（下略）

50歳を過ぎていた頼盛は唐綾地という上等な絹製の直垂に立烏帽子であっ

た。従者二名，子供たちを連れ，頼盛以下，腰刀や太刀は携帯していなかったという。迎える頼朝は，すでに東国を手中におさめつつあり，この兵乱も最終段階に入りつつあった時期であった。白糸葛の水干に，頼盛と同じく立烏帽子をかぶっていた。頼朝の着ている水干とは，元来，朝廷貴族社会の装いなのだが，なぜ，頼盛との対面においてこの服装なのだろうか。二人の身なりは実に対照的なのだがあとで詳述する。

何気なく記された頼盛と頼朝の服装だが，このとき，なぜ彼らはこの服装だったのか。二人の装いにはどんな違いがあり，どんな特色があり，どんな意味があったのか。それは，源氏と平氏が武士として，歴史の時間のなかでどのような選択をしてきたのか，ということを明確に示している。筆者が本書を記すうえで，非常に重要な装いでの「対面」なのである。

第1部では，平安時代末期を中心に，直垂の起源を探りつつ，どのような服装として育まれてきたのかを追ってみたい。まず第1章では，直垂の起源となった服（装）について，続く第2章では直垂の成立過程から完成を見届けたいと思う。第3章では，直垂という服と服装の変化を，関連する他の服装について触れながら，さまざまな背景をさぐってみたい。具体的な時代としては，平安時代末期の院政期前後から鎌倉時代末期頃が該当する。西暦になおせば10世紀末から14世紀頃までとなるだろうか。この作業を経て，右の平頼盛と源頼朝の装いについての問いかけにこたえることができるだろう。

第1章　直垂以前

袖細直垂——直垂の起源

直垂は，日本の風土のなかで，そこに住む日本人自身が産み出した服と考えていい。「直垂」の定義を確認するべく，手元にある『広辞苑』の第5版を開いてみた。

ひた－たれ【直垂】①垂領(たりくび)式の上衣で，袴と合せて用いた，武家の代表的衣服。もと庶民の衣服。鎌倉時代に武家の幕府出仕の服となり，近世は侍従以上の礼服とされ，風折烏帽子(かざおりえぼし)・長袴(ながばかま)とともに着用した。公家も内々に用いた。地質は精好(せいごう)，無紋，5ヵ所に組紐の菊綴(きくとじ)・胸紐があり，裏付きを正式とした。長直垂。②「ひたたれぶすま」の略。

直垂は武家の「代表的」な装いであり，武士にとっての公服としている。そして，気になるのが②「ひたたれぶすま」である。これは一般に掻巻(かいまき)布団のようなものといわれている。一つの名称に二つの意味があるということになるが，両者はどのような関係にあるのか。また，武家にゆかりの深い服という以外，その起源などに関しては全く触れていない。「ゆかり」とはどういう「ゆかり」なのか。呼称の転用が起きたのか。それとも，何かが廃れ，何かが興きたのか。次から次へと疑問が湧きだしていく。武士のトレードマークのような服と服装だが，もとをたどれば，『広辞苑』にもあったように，庶民の労働・日常服だったとみられる。この服を，近現代の有識故実や服装史の研究者は，完成された直垂と区別する意味で「袖細(そでぼそ)（の）直垂」（以下，袖細と略称する）と呼んでいる。その名の通り，袖が現在の和服のような袂(たもと)をもたず，細めの筒状であったことに由来する。袖細がいつから存在したかはわかっていない。おそらく平安時代に生まれてきたと考えられるが確かなことはわからない。袖細が歴史資料に姿を現すのは——厳密に言えば具体的なかたちや身にまとう方法がわかるのは——，平安時代末期に数多く創り出された絵巻物のなかからだ。文献史料では，朝廷貴族社会の人々が著したさまざまな文献類を通じ，袖細を含む武士の身なりの具体的な名称はおろか，文様・色などさえ触れられることはない。したがって，本章では，まず直垂の原型である袖細という服について理解を深めたい。

描かれた袖細

図3〜6は絵巻物に描かれた袖細で，おそらく，絵画化された最初期の例である。袖細という服を誰が着ていたか，どんな情景の中で使われていたのか，端的にわかりやすく伝えてくれるのがこれらの作品だろう。各作品の作期は何年何月まではっきりはわからないが，おそらく平安時代末期，12世紀の後半から，13世紀の初頭くらいまでと考えてよかろう。歴史上の出来事などから言えば，天皇の父親である上皇が院政をおこない，絶大な政治権力となっていた時期にあたる。また，平安時代以来の朝廷貴族社会が政治的・経済的にかなり後退してきたのに乗じ，歴史の表舞台に武士が登場する。朝廷・院・貴族，そして武士らが二分して対立した保元の乱（1156年）や源氏と平氏の軍事的衝突の末，平氏の平清盛が後世の歴史家に「平氏政権」とよばれた栄華をほこるきっかけとなった平治の乱（1159年）が起きた時期でもある。さらに，この平氏政権が源頼朝をいただく武士たちにより倒され，武士が自らの政権をたちあげることとなる。

『粉河寺縁起絵巻（こかわでらえんぎえまき）』（図3）は，前半が和歌山県の粉河寺という寺院の草創譚，後半が同寺の利生譚の内容で，平安時代末期の近畿圏の地方の人々の暮らしを描いている。図は同絵巻の前半部分で，向かって左の斧を担ぐ人物が絵巻の主人公の一人で，猟師・大伴孔子古（おおとものくじこ）である。孔子古は手斧を右手に持ち，右肩に担いでいる。頭部にはずいぶんともみほぐされたような，なにやらくたびれた立烏帽子をかぶり，その上から紐かなにかで後頭頂部の髻を芯に縛っている。上衣は袖細で褐色地に黒で四菱のような文様を配し，裾（すそ）を袴（はかま）に着籠めている。白っぽく見える，おそらくは無地無色の，当時の史料中に「葛袴（こばかま）（小袴）」と記されることの多い袴をはいている。裾を膝頭のあたりで括り脛（すね）を露わにしてはいている。腰帯（こしのおび）は白で，右腰に柄の一部と鞘（さや）が白く，残りの部分は朱色でほっそりした華奢な腰刀をさしている。右の人物は，袖細に袴を加えていない，近世期のことばでいうところの「着流し」姿である。腰の右寄りには柄を後方へ

図３　袖細直垂姿　右側は上着だけで袴をつけない着流し姿　左側は上着も袴もつけた袖細姿　『粉河寺縁起絵巻』12 世紀後半

図４　袖細直垂姿と水干姿（手前左側の人物）『信貴山縁起絵巻』12 世紀

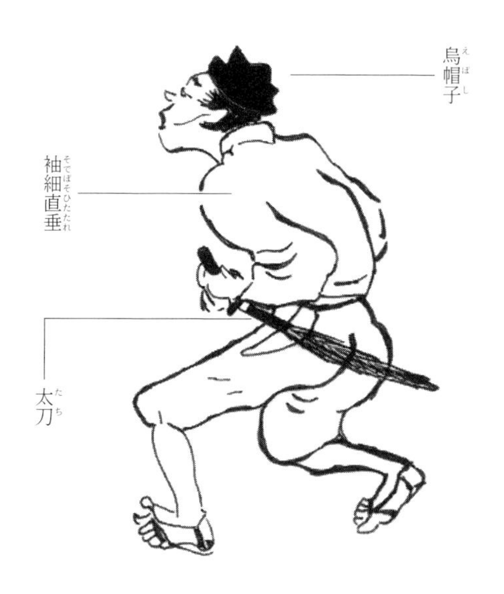

図5　都の検非違使庁の下部の姿　『伴大納言絵巻』平安時代末期

傾けて腰刀のようなものをさしている。腰刀の起源が日常生活で携帯していた刀剣であることを示唆する。頭部には，後方へなびくような，すこし，よたったような立烏帽子を被る。貴族の被る立烏帽子とくらべて，ずいぶんとくたびれているように見える。烏帽子の変遷についてはあとで述べようと思う。

『粉河寺縁起絵巻』と同じく，説話絵巻の代表作である同時期の作品『信貴山縁起絵巻（しぎさんえんぎえまき）』（図4）は奈良県朝護孫子寺（ちょうごそんしじ）の利生譚を中心に詞と絵が展開する。地方の人々だけではなく朝廷貴族社会の人々をも描いている。図は「飛倉巻」の主人公である山崎長者（やまざきちょうじゃ）とその従者たちの姿で，平安時代末期の地方の有力者，富農などのような在地領主層とその従者の姿と考えられる。さて，奥に並んだ3人の男性が袖細姿である。画面手前の山崎長者の従者は，水干（すいかん）（後述）とよばれる服をまとっている。他の従者が袖細であるのとは異なる服装で，同じく水干を着ているのは，別の場面に出てくる長者その人だけで，これは従者間における家中での位置づけや序列を示している。結論としては，従者のなかでは水干を着ている人物の方が袖細のそれよりも格は上位とみなすべきであろう。

図5『伴大納言絵巻（ばんだいなごんえまき）』もこれらと非常に近い時期の作品で，伴善男（とものよしお）の起こした事件「応天門（おうてんもん）の変」の顚末を描いている。この作品世界は，都のなかの朝廷

貴族社会の人々や街に暮らす庶民の姿も描いている。立派な身なりの高級貴族の姿も重要だが，こうした人々の姿も見逃せない。太刀を佩き，徒歩で随行する検非違使などの下部たちはこうした袖細を着ていた。朝廷の役人といえば位の有無が序列の基本となるが，それ以前の，さらに下級の役人たちの服装として描かれている。

図6は『病草紙』中の風病（なんらかの中枢神経の疾患）の男の姿である。背景の建築や奥に見える襖など，かなり裕福な都の人と見られる。家居の場面であることは確かであろうが，いくぶん寛いだ，上着を脱いだ下着や間着姿のようにも見える。

以上に示した作品に描かれた人物たちが身にまとっているのが袖細である。もちろんほかにもたくさんの例があるが，ここではわかりやすいものをいくつか紹介してみた。

一見して特徴的なのは，袖が現代人の洋服のように細いということだろう。図3・4は，細めの筒袖で袖丈は短めで手首にはおよばないものが多いように思う。貴族の服装では袖が袖丈の中ほどくらいで身頃側を奥袖，手首側を鰭袖と呼び，袖自体は2枚の生地を繋いだものであった。これを参考に見れば，図3・4などの袖細は奥袖だけで鰭袖がない。袖細類は総じて奥袖のみで材料を節約した質素なつくりなのだろう。また，どちらも肩のあたりの輪郭線が人物の実際の肩の線を表現していて，薄く裏地の無い単の仕立てであったことをうかがわせる。肩以外の描線も曲線で構成されていて，柔らかな素材であったことを表現している。かなり長い期間着ていることから傷んだり，洗濯などをくりかえすうちに，縮んだり皺が取れなくなってしまったような「くたびれた」状態とも考えられる。袴も細めのもので貴族連中にくらべれば，かなり簡略で質素な印象だ。しかし図4の例は，描いた作者（絵師）の筆致も考慮する必要があるものの，図3に比べればややこぎれいな印象を受けるが，読者のみなさんはいかがだろうか。図5・6も同様に図3のものに比べてややきれいな，あまり傷んでいない状態と思う。これは，着ている人物の生業や社会的な立場などが反映されているのであろう。

図6　袖細直垂姿　都の裕福な人の日常か　『病草紙』12—13世紀　京都国立博物館所蔵，ColBaseより

袖細の「進化」

この袖細が直垂に進化していくことになるが，子細に観察すると袖細には二種類存在していたことがわかる。ここでみている袖細は，その一種類目にあたるもので，直垂様式の服の起源もしくは原初の様式と考えられる。かたちやシルエットは直垂と同じように見えるが，子細に観察すると相違点がある。

まず，袖が現代のわれわれの着る洋服のような筒袖となっている。直垂はほぼ倍近い大きさであり，もっとも大きな相違点として目につく。

次に，袖口を絞るための袖括りの紐がない。袖口近くに点々と表指とよばれる紐を付す仕立てがなされておらず，その紐のあまりを袖口下方に引き出して結びとめる露とよばれるものもない。直垂に比べると簡略な仕立てに見えるのではないだろうか。

使い方は無地で無色や地色に文様を配したものなどさまざまで，肌着（下着）や，同じ袖細を重ねているようにみえるものも描かれている。着方（着こなしというべきかもしれないが）には，いくつかのバリエーションがあった様子が絵巻物類にみてとれる。上衣だけ，浴衣や和服の着流しのように着て，袴と合わせるなどの例がある。

さらによく見ると，上衣と袴が共裂のものもあれば別の色・地のものもあり，直垂のように上衣と袴が共裂の規格のものばかりではなかったことがわかる。おそらく，袖細は，直垂のように上衣と袴が同一の素材，色，柄などであることが原則というような習慣はなかったことも指摘できるだろう。この袖細は，概して，柔らかそうな素材で，薄地であることもみてとれよう。おそらくは絹製の生地などではない，葛や麻のような植物繊維の布地製であったとみていい。絹製の生地は，前近代を通じ，やはり高級な素材であり経済的に裕福な環境にいる者しか身につけることのできないものであった。一般の庶民には手の届かない贅沢品であった。

こうした袖細は図3〜6のほか，院政期の作品の模本のみが伝わる『年中行事絵巻』や，『餓鬼草紙』『鳥獣人物戯画巻』丙・丁巻，『扇面古写経下絵(扇面法華経冊子とも)』など12世紀に制作されたと思しき絵巻物に広く見られるものである。地方の猟師や農民，都市部でも市街地に住む一般民衆，寺院などの寺男のような使用人たちの服装として描かれている。たとえば図7は図3と同じく『粉河寺縁起絵巻』の登場人物・大伴孔子古の家族の食事の場面である。

図7を見ると，大きなまな板のような台の上に食材が並べられている。孔子古は漆塗の碗を持ち，もう片方の手で箸をもち台の上の食物をつまんでいる。かたわらの子供はまだ幼児のようだが串に刺した団子状の料理をうれしそうに手にしている。台をはさんだ反対側には，筒袖の小袖を着る妻が赤ん坊を抱き，乳をあたえながら話している。この赤ん坊や孔子古の隣にすわる幼児は，袖細と同じ形式の短めの袖の服を着ている。着丈も短く幼児服としての袖細なのであろう。

いつの世にもかわらない平凡であたたかな一家の団欒の場面だ（本作品の家族描写はいずれもとても温かみがある)。原本をよく見ると壁の表面が剝離し，床は板目で，筵を敷物にした，茅葺き屋根の質素な住宅であることがわかる。決して裕福ではない，つつましやかな地方の猟師一家の生活である。そこで孔子古が片肌を脱いで着ているのが袖細に袴であり，こうした庶民の日常服や作業服として描かれるのが袖細なのである。

図7　大伴孔子古とその家族　『粉河寺縁起絵巻』

二種類目として，最上衣としての体裁を整えたものが確認できる。前述の，簡素かつ質素な印象の強い袖細が，袖の大きさ（太さ）を除いて，ほぼ完成された直垂と大差がなくなる。また，一種類目の袖細とほぼ同じ仕様に見えるものの，左右の身頃を引き合わせて結ぶ胸紐に似たものを絵画史料に散見する。

『粉河寺縁起絵巻』には前掲の一種類目の素朴な袖細とともに，二種類目の袖細とその過程にある，中間的な袖細までも描かれている。図8は同絵巻後半部分からで，上着が白の袖細で折烏帽子に見える褐色地に黒の丸文の袴をはいている。膝の上には虎皮の尻鞘の太刀を抱えるように載せ，脚半を付け草鞋をはいている。上着をよく見ると左右身頃の合わせ目あたりに両身頃をつなぐように紐状の何かが描かれている。これはのちの直垂に言うところの胸紐だろう。この人物は，同絵巻の後半，河内の長者家の者で，武装して同家の門前に腰をおろしている。この家にとっては警備を担当するような召使であろう。だからと言って，すぐに武士とまでは言い切れないが，武力を職能としているのかもしれない。

図9では，なにやら楽しそうに誰かに声をかけている後ろの男性をよく見ていただきたい。職能や職種を断定することはできないが，もしかすると，どこかの家の召使や，あるいはそれに類する庶民階級と考えていいのかもしれない。

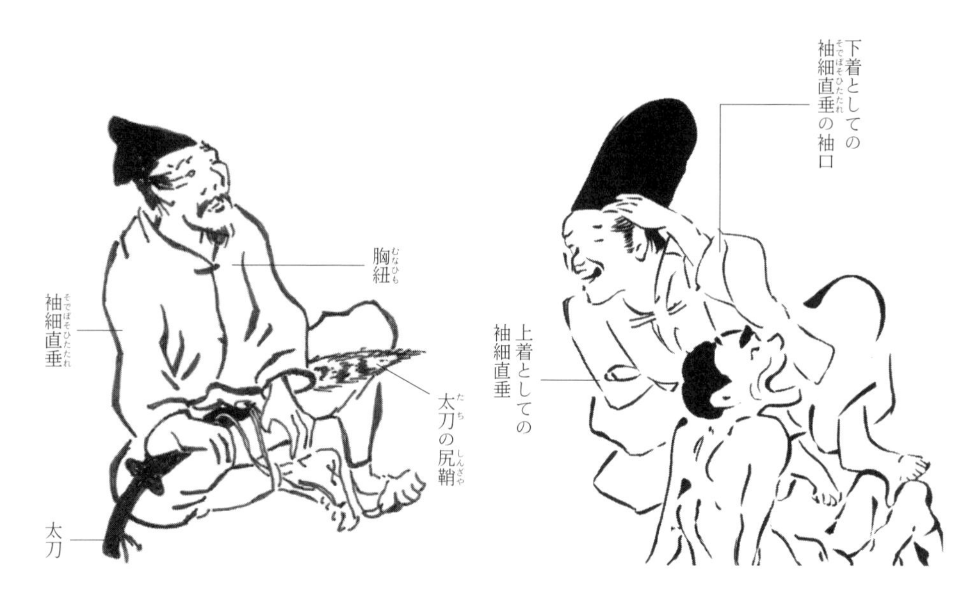

図8　袖細直垂姿　『粉河寺縁起絵巻』　　図9　袖細直垂姿　『鳥獣人物戯画巻』丙巻

この人物は，立烏帽子に一種類目の袖細を下着のように用い，袴をはいている。袖細の胸元には図8と同様に，左右身頃を引き合わせる胸紐が描かれている。さらにこの男性の左手首に注目してほしい。大きな袖口の上着の下に袖細の細い袖口がみてとれる。袖細を，上着を重ねることのできる間着や肌着としての見方，いや，認識とか習慣といったほうがいいかもしれないものの存在したことを示している。

これら，図8や図9に見られる袖細を，一種類目の袖細の次の進化形と見なすことも可能だろうが，ここではそこまで細分化しないほうがいいだろう。行論が複雑になってしまうからだ。

さて，続いて図10を見てみよう。これも『粉河寺縁起絵巻』に描かれた人物だ。この人物は図8の人物と同じ場面に描かれているので同じく警備を職能とする召使のようだ。この人物は立烏帽子の上から髻ごと縛り付けるような被り方をしているが，これは本絵巻物では平均的で『伴大納言絵巻』『信貴山縁起絵巻』などにも散見するもので，いわゆる折烏帽子の起源とされる。服は薄い褐色地に桔梗（ききょう）の花のような文様を配した，上下共裂の袖細を着ている。よく

図10　袖細直垂姿　『粉河寺縁起絵巻』

図11　袖細直垂姿　『粉河寺縁起絵巻』

みると胸紐や袖口の袖括りの紐の表刺しが見え，袴には菊綴も描かれている。菊綴とは水干や直垂などの縫い目に綴じ付けた紐の先端を開いて総とした飾り。ほころびを防ぐための補強が目的であった。草鞋をはいているが武装はしていないように見える。なお，見えないだけで腰刀を携帯しているのかもしれない。図11の人物も同じく『粉河寺縁起絵巻』だが，図8や図10と同じ場面に描かれている警備の召使のようだ。図9と同様に胸紐や袖括りの紐のついた青い袖細の上下を身に着けている。烏帽子は正面からの絵なのでよくわからないが，立烏帽子ではなさそうだ。この人物は袖細の下に胴丸か腹巻のような甲冑をつけている。この人物の職能，この家における役割を強く表現するものだろう。

話が前後してしまうが，前掲の図1をご覧いただきたい。ここまでの袖細の知識で眺めていただくといろいろ気が付くことがおありになると思う。烏帽子は図10と同様だ。青か紺色の，二種類目の袖細の上下を着て，足には脚半をつけている。これは長者一行の旅路の警護の姿だが，行路の安全のためだろうが，丸木の弓と矢を収めた箙（矢のいれもの）を左の腰につけている。腰には虎皮の尻鞘をいれた黒漆の太刀を佩いている。

一種類目の袖細に水干の胸紐などの部品を移植したのが二種類目の袖細ということになる。二種類の袖細の発生にはどのくらいの時間的な差があったかはよくわからないが，多少はあったと考えるべきであろう。本章で頻繁にとりあげている『粉河寺縁起絵巻』は両種が同時に描かれ，さらにいえば，猟師の大伴孔子古，長者家の下級の召使などは一種類目の袖細で，長者家の，特に警備を担当したであろう召使の人々は二種類目の着用者が多い。同絵巻は描写がていねいで，二種類の袖細の使い分けが，おそらくは家中の序列や職能分担を示している。二種類目が長者家の警備などを担当する者で，一種類目は雑用や下働きの人々の装いとなっている。

後述するが，水干という丸い襟元の服装もあらわれ，こうした警備や雑用などのリーダーと思しき人々が着ている。このことは非常に重要である。装いが特定の集団内の立場や序列を示していると考えられるからだ。服が目印となっているということになる。これを専門的にいえば，視覚指標化と呼ぶ。何らかの意味や意義を目にみえるかたちで第三者に知らせる，と理解すればいいだろう。小さな長者家という集団内の服装にはこんな規範が見て取れる。同じような現象は同絵巻では女性の服装にも見られるし，他の作品では『信貴山縁起絵巻』飛倉巻の山崎の長者家にも確認できる。

こうした服装による序列や役割分担は，『粉河寺縁起絵巻』や『信貴山縁起絵巻』の制作された平安時代末期，広く行われていた習慣のようなものだったのであろう。ただし，絵画史料という資料の特性を加味する必要もある。画面の人物にいちいち名前や立場を付記するわけにもいかず，レストランのメニューのように，詞書に人物のキャスティングや画中での詳細を記すこともない。鑑賞者が一目で画中の人物たちを大雑把に理解するためにはこうした工夫が不可欠だろう。そうしたものがなくても，本絵巻に見られるような服装の表現は決して絵空事ではなく，リアリティをもっていると考えている。

儀礼観の萌芽

絵画表現は複雑な代物で，注文者をふくめて，作者の制作意図を直截に示すことが多い。しかし同時代人たちの目に違和感を覚えるような，「ありえない」と思わせるようなものでは，鑑賞者に与えるストーリー自体の説得力が損なわれるし，感慨を覚えさせることは不可能であろう。以前に映像制作者の友人から「真実は細部に宿る」画面作りを心掛けている，という話を聞いた。ここで述べている『粉河寺縁起絵巻』などに見られるていねいな服装などの描写はまさに「真実は細部に宿」っていることのあらわれである。

この段階で袖細という服は直垂という服に発展していく方向に大きく舵を切る。17ページに示した二種類目の袖細の冒頭で述べたように，完成された直垂との相違点は袖の太さと長さ，身頃の両脇の下を縫い合わせない仕立ての二点に過ぎないところまで来ている。胸紐は，直垂を含む袖細という服の身頃の仕立ての問題と深い関係がある。袖細や直垂には，たとえば同じ時代の朝廷貴族社会の人々が身に着けていた垂領の服とは非常に大きな相違点がある。それは，朝廷貴族社会の垂領の身頃の仕立てには衽(おくみ)という部位の存在することだ。

衽は，一部例外をのぞき，朝廷貴族社会の服全般にかならず附属する部位で，左右の身頃を深く合わせるための措置である。衽がないと，左右身頃の合わせが浅いことから，ちょっとした動作や所作で襟元がはだけて乱れてしまう。図8や図9の袖細の胸の紐はこのような意味からつけられている。衽は，半幅の細長い形状で，「大領(おおくび)」の音変化したものといわれる。この衽が袖細や直垂には存在しない。一見，見逃しそうな，あるいは取るに足らないような事柄に見えるかもしれないが，おそらくこの相違は袖細や直垂と，朝廷貴族社会の服の使い手の違いではないだろうか。

袖細は，日本をふくめた東アジア世界では自然発生的なシンプルな服だ。すべての部位は直線裁断で構成されている。朝廷貴族社会の人々と異なり，極言すれば非常に貧しかったであろうごく一般的な庶民は，決して豊富ではなかった素材を大切に使っているので，曲線裁断の結果として捨てる以外にないような裁断済みの素材をなくそうとしている。そのなかで，衽を服に設けるような経済的な余裕はなかったであろう。

朝廷貴族社会の人々の服に，ほぼ例外なく衽がついていることについては，6・7世紀の推古朝ころより段階的，部分的に導入された中国の古代王朝風の服装の影響を考慮しなくてはならない。奈良朝の8世紀前半頃，隣国である唐(とう)律令制の本格的導入にともない，『大宝律令(たいほうりつりょう)』『養老律令(ようろうりつりょう)』といった唐の先進的な根本法典を制定，施行するにいたった。この時に律令国家の経営に不可欠

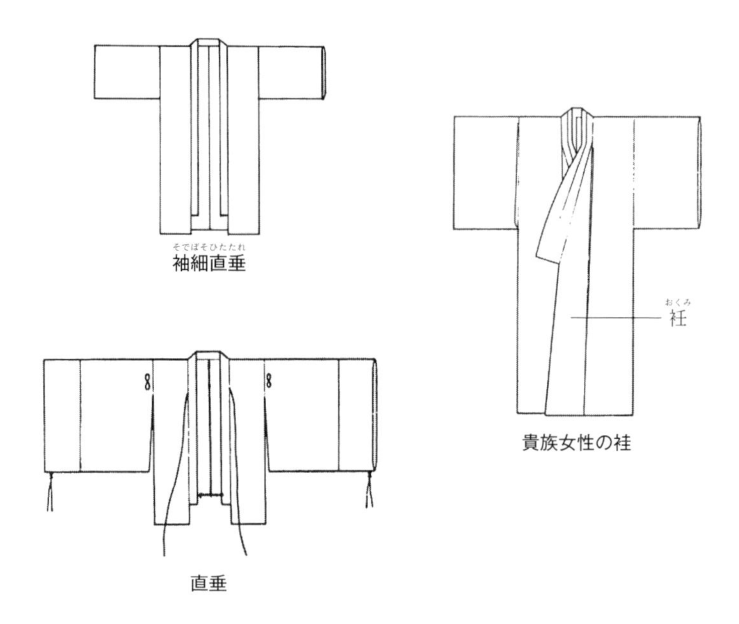

図 12　身頃の仕立ての比較と衽の有無
朝廷貴族社会の衣服には基本的に「衽（おくみ）」が付属するが庶民や武士などの用いる袖細などには衽がない。

であった官僚制度の基本となる朝廷内の序列，すなわち位階制度を整備した。ここでも唐風の服装の制度を律令中にさだめた。

たとえば『養老律令』中の「衣服令」がある。まだまだ不明な点が多い「衣服令」だが，正倉院御物や平城京から出土した木簡類の落書き，飛鳥の高松塚古墳壁画などから推定される服装は，現在の神職の方々や天皇の即位儀礼などで目にすることのできる丸い襟の服だった。この襟元を盤領というが，この形式の服は，もともと左右の身頃を深く合わせることが前提の構造であった。衽が当然のように組み込まれた仕立てだったのである。宮廷貴族社会の人々の服装感覚として，盤領の衽を，おそらく奈良朝以前から間着や下着に用いていた垂領の服に組み込んでいったのは当然のことであったろう。なにしろ，経済的，物質的に余裕がある朝廷貴族社会の人々は襟元が容易にはだけてしまうことのないよう，服に衽を設けることを，別段，贅沢であるとは考えなかったであろう。

図 13a （左）筒袖小袖に大きな袖の衣を着た地方の富裕な家の女性 『信貴山縁起絵巻』
図 13b （右）女性の筒袖小袖姿 『病草紙』

図 13a は，地方の富裕な豪族家の主人の家族とみられる女性の姿。筒袖小袖のうえに貴族女性の使う袿のような仕立ての上着を腰で帯に挟んで裾を引きずらないように着る。裏地のある袷の仕立てであり，周囲に描かれた女性が筒袖小袖に湯巻（のちの前垂れの起源）を着た女性たちとあきらかに差別化して描かれる。意図するところはおそらく「主人」の家族。次の図 13b は都の女性の筒袖小袖姿。袖細直垂と同じものと推定するが，男女の着方・着こなしは異なるので，一見，別の種類の衣服に見えるのは興味深い。この女性はまだとても若い庶民女性のようで，金融業を営む家の下使とみられる。主人の妻の外出時に荷物をもって随行する姿。庶民女性の髪型や履物などもよくわかる。

両図は，平安時代末期，大きな袖の上着を重ね着することが「裕福さ」と結びつき，貧富や家のなかでの主従関係を示す記号として用いられている。しかし絵空事というわけでもなく当時の人々はこのように意識していたのであろう。

直垂の誕生以前，庶民の服として存在した袖細が，直垂に進化する前の服について絵巻物を中心に見てきた。この袖細で興味深いことがある。袖細とほぼ同一の仕立てのものを，女性たちも着ていたことだ。もちろん貴族などのような人々ではなく，男性における袖細の使用者たちと同じような社会的な位置にいる庶民女性である。社会的にみて高くない位置にいた庶民の男女が共用していたとみられるこの服を，男性が使用しているものと区別して筒袖小袖（つつそでこそで）とよぶことが多い。このよび方も袖細と同じく，近現代の研究者が研究上の識別のためにつけた呼称で，歴史的な呼称というわけではないのでご注意願いたい。呼称の理由だが，後世，特に戦国・織豊期に武士や庶民を中心に爆発的に流行した小袖という服がある。肖像画の武家婦人像や各種風俗図屏風，狂言や能装束などで見かける服，といえばわかりやすいかもしれない。とくに模様や色，素材などに創意を凝らした女性のものが有名だが，近世に出現する桃山期や慶長，寛文期などのものが有名だろう。これへと連なっていく，その原点がこの筒袖ということになる。

さて，おそらくは，奈良朝の昔から人々はあまり形状など変化のないまま，同じ形式の服を作り続けてきたのだろう。きわめて主観的な見解とお断りしたいのだが，古代を通じ，特に平安時代，庶民は貧しかったのだろうと思う。彼らは質素な服を着ていただろう。そして時に世代や性差も越えて，大切に着ていたのだろうと思う。平安貴族社会の人々が絹製の豪華で美しい服を当たり前に着ていたのとは，まるで別世界のような社会があったということになる。袖細を着ているような人々は，おそらく一生，絹織物の生地など目にすることなく，手に触れることなどなかったかもしれない。

武士の多くは，こうした決して経済的に豊かではない，質素な暮らしをしていた人々のうちから生まれてきた人々でもある。

第２章　袖細から直垂へ

語句としての「直垂」

袖細はいよいよ直垂へと変化を遂げる。

ところで，みなさんの中には，次のような疑問を抱いていらっしゃる方も少なくないのではないだろうか。「直垂ってどういう意味？」と。

筆者も約20年くらい前だろうか，ふと「直垂」の語源について興味をもった。これがきっかけで武士と直垂，武士の服制，武士の服装観に強い関心をいだいた。まず名称の起源から話をはじめる。その直垂だが，この語句は史料上，意外な時期に意外な現れ方をする。前掲『広辞苑』の語釈にもあったように，直垂には寝具と服の二つの意味がある。実際に史料をさぐっていくと，意外なことに，初出は朝廷貴族社会の人々が遺した記録類なのである。

平安時代の中ごろの貴族であった源高明（みなもとのたかあきら）（914-982）の記した儀式書『西宮記（さいきゅうき）』をみてみよう。儀式書とは，朝廷の儀式儀礼の準備，開催の行政上の手続きなどの詳細な説明書で，「朝廷儀式のマニュアル・ブック」というほうがわかりやすいだろう。

同書臨時十には，他書からの引用とみられる「長徳２年（996）12月17日」という日付の「成勘本事」の「可着鉢左右獄囚贓物（ぞうぶつ）事」に，強盗を犯した田邉延正なる罪人の贓物として，「綾七疋（ひき）〈直廿八貫文〉，直垂一領〈直三貫文,〉，掛十一領〈直五貫五百文,〉，（下略）」とある。また，藤原実資（ふじわらのさねすけ）の日記『小右記（しょうゆうき）』寛仁２年（1018）６月20日条には，「櫃等夏冬朝衣并宿衣・倉〔冬〕直垂〔衣〕等相分納，或有唐綾等装，直垂〔衣〕用唐綾云々，（後略）」とある。

これらはどうも貴族の持ち物であったようで，唐綾と呼ばれる高級な絹を生地としていて，とうてい武士の所用たる直垂とは思えない。そして，これが直垂（衾）と呼ばれた寝具と断定できるかといえば確証はない。ただ，注目したいのは，10世紀ころ，「直垂」という語の属性は武士ではなく貴族社会であったという点だろう。そして貴族の属性をもつ語が，なぜか，武士の社会，武士の文化の産物の名称に転用されたということになる。加えて不思議なのは，貴族社会の直垂が，もし寝具だとすると，一体，どんな経緯で武士の服となるのだろうか。謎が深まるのである。

寝具としての「直垂衾」

直垂が寝具の可能性，すなわち「衾」と呼ばれた寝具であったという説だが，実際に史料にあたってもなかなか実例に出くわさない。探し方が悪いのか，まだ見ていない史料があるのだろうかと頭をめぐらしていくうちに，近現代の先行研究で，この説を採用した最初の人は誰なのかと思った。そこで調べていくと，おそらくは加藤貞次郎著，関根正直補『有職故実辞典』（六合館，1926）所載の「ひたたれ（直垂）」であることがわかった。この語釈には，江戸時代末期の有識故実家・松岡行義（1794–1848）の『後松日記』（『日本随筆大成』〈第三期〉7，吉川弘文館，1977）が引用されている。松岡は同書の「木原楯臣直垂抄出並付紙」で，直垂の起源を「武士の宿直に夜のみ着たるものなれば（下略）」としたうえで，

> わが憶説は，直垂のもとは，宿直に夜寒をしのがんれう（料）に，綿入れたる衣を着て，柱によりそひなどして，夜をあかせしものなるべし。宿直袋に入てもて出て，とのゐさうぞくの上に打着て，帯などもせで，ひたぶるにうちきたれば，ひたゝれとはいひしなるべし。そをうちとけたる時は，昼も着，夜は衾の下にも着たるなり。

とする。つまり，松岡は，直垂を「綿入れたる衣」と理解した。そのうえで，寝装具としての衾とともに用いる防寒用の衣類とする。おそらく，松岡の直垂（衾）の説が独り歩きして，現在の直垂の起源の説として定着したのではないだろうか。

では，松岡の説を，史料に確認できないからと言って「誤解」と否定していいのだろうか。答えは「否」だ。なぜかといえば，近世の最末期に生きていた松岡は，近世風に変質したとはいえ，まだ直垂を見知っていた世代である。使っていた時代，というべきだろうか。そうした世代，環境に生きていた人々の意見はあながち間違いではない場合も多く，一蹴することはできない。そして，もしかすると，松岡はわれわれのまったく知らない史料を見たのかもしれない。

関東大震災や太平洋戦争時の空襲による戦災などで失われてしまった史料は少なくないという。こうした事情を考えあわせたうえで，真偽は保留としておきたい。

筆者は，少なくとも平安時代，直垂と呼ばれる服があり，これは公服ではなく人前で着るものではなさそうなこと，そして，家着であったと推測する。寝具というよりも家居の服装と考えればいいと思う。おそらく公的な場で着用することを目的としていないのであるから，それなりに着やすさとか防寒とか，そういう実用重視の服だったのだろう。現在の袢纏（はんてん）や褞袍（どてら）のような使われ方だったと推測する。

朝廷貴族社会では，いわゆる有識故実でとりあげないような，非公式の服は存在する。たとえば，鎌倉時代前期の貴族，藤原道家（ふじわらのみちいえ）の日記『玉蘂（ぎよくずい）』や，ほぼ同じ時期の順徳天皇（じゆんとくてんのう）の公事書『禁秘抄（きんぴしよう）』には，「小袖」という服の存在が記されている。小袖は庶民のものであって朝廷貴族社会の人々，まさか天皇や貴族が使うなんて想像ができない。

しかし，よく考えてみれば，決して公的に記録されるような代物ではなく，実用性の上から重宝だと思われれば，「存在してはいけない」ものであっても実用に供したであろう。それが身分卑しき人々のものと理解していても，その使い勝手を優先した結果，存在しないが存在するものとして扱わざるを得ないのだろう。朝廷貴族社会の直垂とは，そういうものであったのかもしれないと思っている。

10世紀の衣服命名ルール

さて，直垂の起源となる直垂衾が朝廷貴族社会のものであったことがわかってきたが，ここでもう一つ，新たに重要な情報を得ることができる術（すべ）がある。

朝廷貴族社会の服の名称は，ほぼ例外なく，使用の目的や材質，仕立て，着用法などを示している。例を挙げてみよう。

男装　束帯（着装法・用途）／衣冠（束帯を基準に袍・襖以外の「衣」）／布袴（ほうご）（束帯を基準に組み合わせる服の名前）／直衣（用途）／下襲（したがさね）（着装法・着用の状態）／半臂（はんぴ）（着装法・着用の状態）／狩衣（かりぎぬ）（用途）／水干（仕様）／褐衣（かちえ）（素材・仕様）／大口（形状）／表袴（うえのはかま）（着装法）／単（ひとえ）（仕様）

女装　女房装束（用途）／内衣（着装法）／袿（着装法・着用の状態）／衵（着装法・着用の状態）／表著（着装法・着用の状態）／張袴（素材）／生袴（素材）

なぜ，こうした服の命名の法則性が生まれたかはよくわからない。ただ，一つの見込みとしての提示であるが，起源は奈良朝までさかのぼることができるだろう。

中国の唐風の服とその使用規定を継受した当時の律令国家は，当然，唐風の盤領（丸首のスタンドカラー）という襟元の公服を定めた。特に一般的な律令官人のユニフォームであった朝服というものがあった。武官・文官の小さな相違点のある服と服装であったが，これが原点にあって，盤領の服は朝廷貴族社会の一員であることを示す標識となったのではないだろうか。その結果，朝服という公服，盤領という規格のもとで，当時の朝廷や貴族社会に適したさまざまな服や服装が創り出されていったのであろう。この過程で上記のような使用目的や材質，仕立て，着用法などといった直接的な情報が名称として与えられていったのであろう。当初は見た目の区別のためにつけられた通称が，時間がたつうちに正式な名称として根付いてしまったのかもしれない。

水干を「吸収した」袖細

話を直垂に戻そう。直垂が朝廷貴族社会の属性の名称だとすれば，何かをかなり直接的に示していると考えて間違いない。前にみた松岡の見解が思い出されるのだが，

とのゐさうぞくの上に打着て，帯などもせで，ひたぶるにうちきたれば，ひたゝれとはいひしなるべし。

とあった。「とのゐ」とは宿直の意味だが「ひたぶるにうちきたれば，ひたゝれとはいひしなるべし」とあるのは，直垂の命名の語源の有力な候補となるだろう。「ずっと羽織っている」とでも訳すことができるだろうか。うまい言葉が見つからないが，イメージは伝わってくる。帯もしないで，ということなのでどうもルーズな，ラフな光景が目に浮かぶ。だが，もうひとつ，語源が設定できると思う。前章で襟元と身頃の仕立ての要素である衽の関係について触れた。たとえば，衽のない直垂のような襟元は「直ちに垂る」と表現されるのではないだろうか。衽のない襟元は垂直に上衣の裾まで降りていく。つまり，襟

元の形式が直垂の語源になっているのではないだろうか。ではこれがどのように転化して武士の直垂の名称になったのであろうか。

衽のない直垂は，袖細に水干と呼ばれた服の胸紐や袖括りの紐，菊綴などが移植されて成立したと考えられている。これこそが，武士の直垂の成立を知る手がかりとなる。そして，なぜ武士の袖細をまとった姿が「直垂」姿と呼ばれるようになったのかを理解する直接のヒントとなる。

直垂が紐類や菊綴を移植したもとの水干とは，布を水張りして干したものを素材とする意味での名称で，元来，比較的簡素な服で狩衣という服と近いとされる。朝廷の服制では，公的な場での着用は限定的で，位階にかかわらず用いられた利便性の高い服だった。上は上皇，貴族から，下は放免と呼ばれる検非違使庁の下部として下級刑吏にあたった人々や，各省庁の無位の下使の人々が着ていたもので，10 世紀頃よりその使用を史料中に散見する。立烏帽子や，細くやや短めの「小袴」という簡素な袴などと組み合わせて使われた。都ではかなり一般民衆にも浸透していたようだが，わずかながらも経済的に豊かな人々が主な使用者であったようだ。

狩衣とは，元来は狩猟用の貴族層の服だが，どうも着心地が良かったらしいことと，朝廷での序列を示す機能はなかったためか，貴族層は私的な状況を中心に広く用いたようだ。素材や色など，用途に応じてさまざまなバリエーションが発生した。襟元の身頃を合わせる方法が，水干では紐，狩衣では蜻蛉と受緒という違いがあり，仕立ての補強の意味で菊綴を必要な箇所に付す。また，水干は袴の下に裾が出ないように着籠めるのに対して狩衣では着籠めない。さらに狩衣では上衣の裾が着籠めないことから狩衣と共裂の帯（当腰）を用いるという特色もある。図 14 はそれぞれの服の形状と，着用した様子である。ともに非常によく似ている。

武士が水干を着た意味

その水干だが，この服の紐類や菊綴を袖細に移植したとして，朝廷貴族社会の服の部位が，一体，どのような状況で武士（や類する人々）の目に留まり得たのか。言い換えよう。まだ武士身分として成立していなかった武力を職能とする人々が，どのように朝廷貴族社会と接触をしたのだろうか。このことが仮説

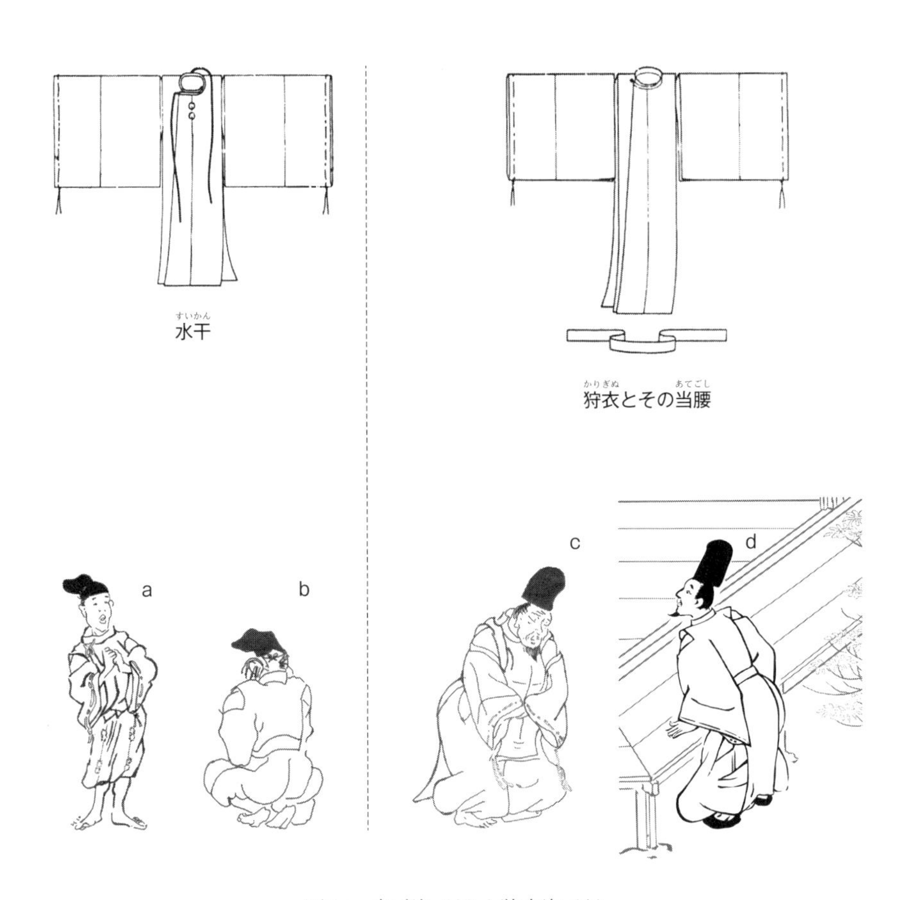

図 14　水干姿（左）と狩衣姿（右）

袖細直垂に影響を与えたのが水干と考えられる。水干は朝廷貴族社会の最下位の公服。水干と酷似しているのが狩衣。こちらはもともと狩猟用の衣服というが日常着でもあり私服であった。両者の関係はよくわかっていないが，詳細は第 2 部第 4 章で述べる。よく似た水干と狩衣だが外見上の相違点は 2 点ある。①着装法。水干は上衣を袴に着籠め，狩衣は着籠めない。②襟元。狩衣は束帯や直衣のように蜻蛉と受け緒であり，水干はただの紐や緒。蜻蛉や受け緒をほどいたものなのかもしれないが，略式といえるであろう。

水干　a『伴大納言絵巻』12 世紀　b 同左

狩衣　c『伴大納言絵巻』12 世紀　d『春日権現験記絵』14 世紀

でも説明できないかぎり，「直垂は水干の影響をうけて成立した」とは言えないと思う。

この疑問を解決するヒントは水干の使用者の検討，ということで得られるのではないだろうか。水干は朝廷の検非違使庁の放免などが用いるほか，天皇の父である上皇が政をおこなった院や，女院，さらに貴族たちの下部たちも用いる服装だった。また，牛車（ぎっしゃ）などの運行に従事する牛飼童（うしかいわらわ）とよばれる，運送業を兼業するような人々も，主人から外出時の供奉の装束（しょうぞく）として水干を支給されたりする。朝廷貴族社会の下級官吏や下部，召使などにとって，水干を主人から支給されるということは，主人から外出時などの服装の威儀を整えよ，ということだろう。これは，主人が朝廷貴族社会の者であることの表れとして，そうした主人たちと同じ服装文化，すなわち盤領系の丸い襟の服を支給したことになる。さらに踏み込んで言えば，朝廷貴族社会において水干を支給されたということは，この社会の最下位の服装ながらも，その最末端に加えてもらったということになるだろう。なお，主人の外出時の供奉に水干を着ることを命ぜられたということは，その者にとって水干は自らの身分や出自，属性を示す公服ということにもなる。現代の言葉で表すなら，水干は主人が朝廷貴族社会の者であること，自分がその下部であることを示す「標識」とでもいうべきであろうか。

武士の場合はどうであろうか。次章で詳述するが，10 世紀後半以降，都鄙（とひ）の武士たちが朝廷の近衛府などの下級役人などの武官や，貴族家の警備などの仕事を通じて都に出てくる。そこで朝廷や貴族家に仕えることになり，こうした水干と接する「機会」を得たのであろう。また，地方に下った国司などのような貴族が当該地域の武士たちを使用人として雇ったりした場合もあろう。主人である貴族から水干を支給される場合などもあったと考える。ここで朝廷貴族社会のいずれかに属性を持つことになった武士たちは，公服は水干，私服や労働では袖細，ということになる。もちろん，主人の同席しない場では，武士にとって公的な場であっても袖細であったかもしれない。武士の歴史が語られるとき，しばしば，武士は貴族から見下ろされていた，蔑まれていた，という。生まれの卑しい，どこの者ともしれぬ馬の骨，といったひどい見方をされていたともいう。しかし，それが具体的にどれほどのものか，といえば，図 15 を

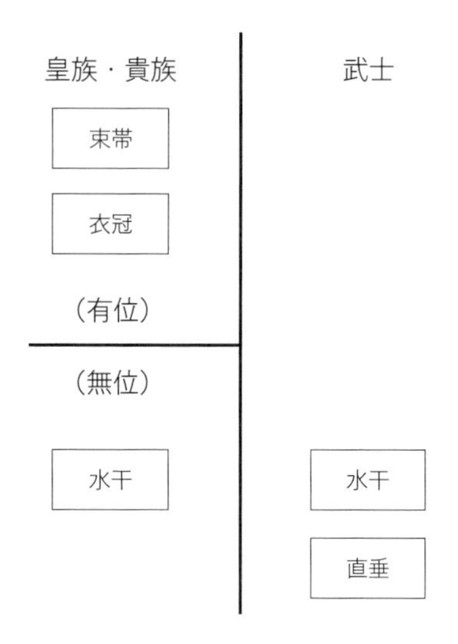

図 15　服制にみる公武格差

見ていただければ一つの目安となるのではないだろうか。

貴族の服装を有位と無位に分け，公性の高い衣服を上にして，下るにしたがって公性は低くなる。矢印の反対側には，10 世紀後半以降，少なくとも鎌倉幕府の開かれた 12 世紀末期までの武士の服装を配した。朝廷貴族社会の無位の公服が水干で，武士の公服が水干となっていること，そこに何が見えるかということだ。武士は朝廷貴族社会にとって最下位の人々の公服の身なりが適切と考えられた処遇であったということだ。注意してほしいのは，こうした位置づけは朝廷貴族社会の誰かに雇われた人々であって，そうした一種の人脈を持たない武士たちは良くも悪くもこの限りではなかった。

袖細の進化と武士の立場の上昇

こんな環境の中で武士は袖細に水干のさまざまな部位を移植し，前掲の二種類目の袖細にたどり着く。利便性という理由からだろうか，それとも，水干という上位者の服装への憧憬だろうか。真実はわからない。もしかすると両方かもしれないが，袖細の進化には，背景として武士の社会的な位置づけの影響が存在しているということだ。そして，武士たちの公服として与えられた水干と対置するかたちで存在した，日常着，労働着として身にまとっていた袖細は，朝廷貴族社会の人々が家着として用いていた直垂衾と似た襟元の形状をしていたことなどから，直垂，と命名されたのではないかと結論されるのである。後述するが，『建久新制』のいうように，元来は朝廷貴族社会の属性をもつ名称が，武士たちの手により自らの服に名づけられたとすれば，それはとても興味深い，面白いことではないだろうか。

胸紐や袖括りの紐，菊綴などを持つ袖細が直垂と呼ばれだしたのは，おそらく，水干が公服となっていることが前提であろうと思う。それは，初期の武士が朝廷貴族社会の最下位に編入され始めたころ，と言うことができるだろう。平安時代後半から末期にかけての 11 世紀ころから 12 世紀中ごろまでが該当するだろうか。朝廷や貴族に加えて，上皇の政の中枢である院政下において，武士の姿が歴史の表舞台にいよいよ目についてくる時期だった。平氏や源氏が勢力の拡大をめぐり武力衝突を始めたころになる。

平安時代末期の 1156 年（保元元）7 月，朝廷貴族社会は，皇位継承問題や，藤原摂関家の跡継ぎをめぐる内紛などから，後白河天皇方と崇徳上皇側に分かれて武力衝突に及んだ。朝廷貴族社会が自らの有する軍事力である武士の力をかりて政治的問題を解決に導こうとした。この保元の乱について，貴族社会の一員として事態の推移を見つめていた人物がいた。日記などの記録を書き継ぐことを使命の一つとしていた「日記の家」の平信範（1112–1187）だった。彼の日記『兵範記』にはこの乱のいきさつが詳しく記されている。

保元元年（1156）7 月 10 日条には，翌 11 日未明，後白河天皇側の平清盛，源義朝率いる，計 500 騎あまりの軍勢が後白河天皇の里内裏であった高松殿から，崇徳上皇側の拠点であった白川北殿に夜襲をかけた際の記事がある。結果的に上皇側は敗北し，関係者は戦闘中に敗死する者，捕縛されて，古代史上，数百年ぶりの斬首に処される者が出るなどした。古代から中世への転換点となった大事件であった。さて，その 10 日条の記事には高松殿に参集した武士たちの姿が描かれている。

（前略）禁中〈于時高松殿〉，依彼僉議，同被集武士，下野守義朝，右衛門尉義康，候于陣頭，此外安芸守清盛朝臣，兵庫頭頼政，散位重成，左衛門尉源季実，平信兼，右衛門尉平惟繁，依　勅定参会，漸及晩頭軍如雲霞，

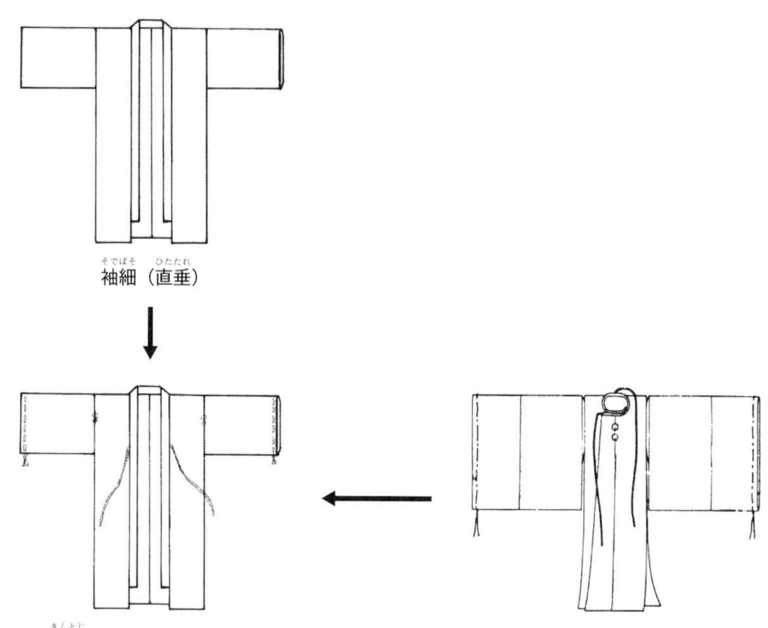

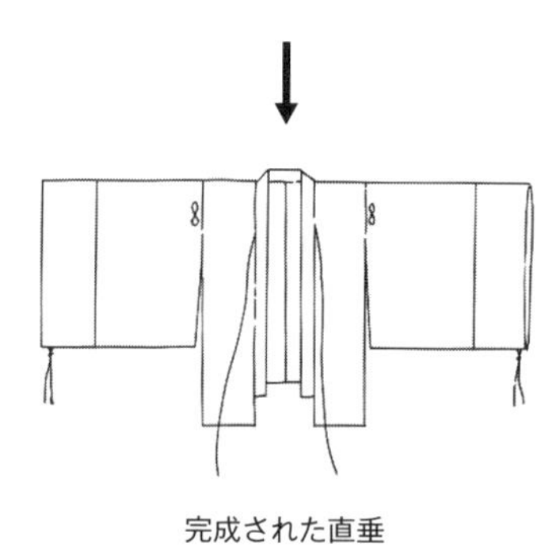

図16　袖細から直垂へ

関白殿并中納言殿令参内給，此間清盛朝臣，義朝□（等歟），依召参朝餉，執奏合戦籌策，入夜清盛朝臣以下各着甲冑，引率軍兵，

清盛朝臣着紺水干小袴，紫革〈□□□□〉冑，常陸守頼盛，淡路守教盛，中務少輔重盛，同備武装相従，義朝着赤地錦水干小袴，頼政以下各々思々，多用紺水干小袴，或用生絹，皆蒙冑折烏帽子，付骸宛，着革貫，僮僕負胡□（簶歟）持甲，

清盛や義朝たちの姿は，前述の水干に小袴という身なりで折烏帽子を被り，その上に武具甲冑をまとった完全装備の騎兵姿であったと記されている。この乱の当時，同じ空気のなかで呼吸していた同時代人の記述は非常に信憑性があり，臨場感がある。

この時の清盛や義朝ら武士たちは，天皇の御前に馳せ参じたことから，武装をしながらも当時，朝廷貴族社会に奉仕する武士として，公服である水干を身に着けているのである。

興味深いのは義朝と清盛の水干の材質と色目（いろめ）だろう。清盛は「紺水干小袴」で地味ないでたちだが，義朝は対照的に「赤地錦水干小袴」で，贅沢な絹素材の錦をつかった，赤い色目の非常に目立つものだった。

清盛の水干の材質まではわからないが，義朝同様の絹製であろうか。あくまでも私見だが，いずれにしろ両名以下の武士たちの甲冑をまとった姿は華やかでありながら凄みのあるものであっただろう。彼ら武士にとって，その本分を見せるべき軍陣であり，甲冑を身にまとい武装することは死装束（しにしょうぞく）でもある。一世一代の晴舞台に，清盛も義朝も，彼らにとって晴の装いである水干を，しかも非常に豪華なものを着ていたというのは印象的だ。学術的，とは言い難い表現だが「心意気」のようなものを感じ，武士としての覚悟を示していると思う。

なお，武士といえば直垂を着ているという通念があるが，この史料から，12世紀中ごろまでは，実際には直垂以外の水干を着ていたことがわかる。武士の立場にも依るのであろうが，時代性を色濃く読み取れる義朝・清盛の姿と言っていいだろう。

こののち，平氏が朝廷や摂関家を抑えて政権を掌握するきっかけとなる平治（へいじ）の乱が，保元の乱後，わずか3年後の1159年（平治元）12月9日に起きる。このときの武士たちの姿を伝える史料としては，13世紀前半の『平治物語（へいじものがたり）』や

天台宗僧侶であった慈円の『愚管抄』，源顕兼による『古事談』，絵画史料では13世紀中頃の『平治物語絵巻（平治合戦絵巻）』などがあるのみで，残念ながら実際のところはよくわからない。特に『平治物語』や『平治物語絵巻』は合戦の臨場感やその有様をかなりリアルに伝えているであろうが，いずれも，描かれた武士たちの姿は13世紀の鎌倉時代のものであり，われわれの視覚的な印象も乱当時のものであるというわけではない。ただ，さほど時代の差というものはなかったかのかもしれない。

保元の乱は朝廷という政府主導の公的な戦闘であり，清盛らの出陣は後白河天皇のいた高松殿であった。それが清盛，義朝らが甲冑の下に公服であった水干を着ていたことによくあらわれている。では，平治の乱ではどうかというと，清盛と平氏の拠点であった六波羅殿には二条天皇が滞在しており，また，源義朝も貴族である藤原信頼らと行動をともにしていたことを考えると，この時点でもまだ水干などが公服として戦場でも使われていた可能性は大きい。

こうして見てくると，武士たちだけの公私の空間では，整備された袖細である直垂が普通に着られていただろう。そして質素な飾りのない袖細も，普通に下着や間着，ときに上着としてもまだまだ使われていたことだろう。都で朝廷貴族社会に臣従するような武士を除いて，地方在住や都にいたとしても多くの武士たちの質素な袖細は依然として直垂になってはいなかっただろう。

武士のトレードマーク化する直垂

保元・平治の乱後，平清盛をいただく平氏政権は，1167年（仁安2）2月，清盛の50歳での従一位太政大臣叙任を朝廷貴族社会における頂点とする。清盛晩年の1180年（治承4）4月に娘である徳子（建礼門院）と高倉天皇の皇子・言仁が安徳天皇として即位し，同6月福原遷都がおこなわれた。平氏政権の絶頂期の到来である。この平氏政権期に，「武士は折烏帽子に直垂」という組み合わせが定着した。当時の貴族，中山忠親による『山槐記』治承2年（1178）正月23日条には，次のような記事がある。

> 天晴，辰剋凌大雪（中略）自中山堂参鞍馬寺，於美土呂坂逢右少将維盛朝臣〈折烏帽子，着直垂・小袴・行縢，騎馬，〉，侍五人騎馬在前後，（後略）

大雪のなか，鞍馬山に向かう忠親は，途中で，騎馬姿の平維盛と5名の従者一行に出くわした。行縢とは泥除けのことで，ほかは，折烏帽子・直垂・小袴という典型的な武士の装いであり，武士の装いを「直垂」と言明する初期の例である。また同記には治承4年（1180）8月13日条にも平経盛の服装を「申剋修理大夫経盛卿〈直垂・小袴・折烏帽子,〉，光臨，良久談雑事，（下略）」としている。平氏の武士たちは日常的に折烏帽子・直垂・小袴の組み合わせを身に着けていたようだ。

折烏帽子と直垂の組み合わせが，平氏の武士たちのトレードマークとして定着したのは，おそらくこのころだろう。それを物語るとても興味深い内容が，鴨長明による随筆『方丈記』にも記されている。場面は福原遷都のまっただ中で，都から福原へと移動する貴族たちの姿に言及する。長明は「人の心みな改まりて，たゞ馬・鞍をのみ重くす。牛・車を用する人なし。」と前置きする。つまり，「人の心も変わり果て，ひとえに馬や鞍を尊重する。牛や車を用いる人はいない」と。普段，牛車を使えるのは五位以上の貴族だったが，そんな人も武士のように馬や馬に乗せる鞍に腐心する，そんな当時の平氏におもねる貴族たちに向けた，長明の嘆息まじりのつぶやきに聞こえる。さらに

> 道のほとりを見れば，車に乗るべきは馬に乗り，衣冠・布衣なるべきは，多く直垂を着たり。都の手振りたちまちに改まりて，たゞひなびたる武士に異ならず。

という。道端をみると，牛車に乗るべき（貴族）が馬に乗り，衣冠や布衣を着るべき貴族たちの多くが武士の着るべき直垂を着ている。都の従者たちもあっという間に身なりをあらため，あたかも田舎びた武士と変わらない，とでも理解するべきだろうか。貴族たちの一部は武士のような身なりをしている，という意味で直垂の使用を伝えるのは，直垂が武士の代名詞のようなものになりつつあったということだろう。さらにそのような姿は田舎びた武士，という嘲笑めいた感想を述べている点だ。長明の記す「武士」が，平氏を直截に意味しているともいえるが，都人からみれば，平氏もふくめた広い意味での武士を指しているように思える。みなさんはどうお感じになるだろうか。

折烏帽子に直垂姿が武士の代名詞であったことを伝える，もうひとつおもしろいエピソードがある。平氏と源氏の治承・寿永の乱のさなか，平氏が西国に落ち，かわりに1184年（寿永2）7月源（木曽）義仲が入京した。そののち，同

年 11 月 19 日，院御所であった法住寺殿を襲い，後白河法皇と後鳥羽天皇を幽閉し，朝政をわがものとしようとした，いわば軍事クーデターが起きた。いわゆる法住寺合戦である。義仲が法住寺を襲ったとき参入していた権中納言藤原頼実（1155–1225）のことが『玉葉』同年 11 月 22 日条には次のように述べられている。

> （前略）又権中納言頼実卿，着直垂折烏帽子等，逃去之間，武士等不知為卿相之由，引張（天）欲斧処，自雖称其名，衣裳之体，非尋常之人，偽称貴種也，猶可打頸之由，各沙汰之間，下男之中，有見知之者，称実説之由，仍忽免死，武士等相共，送父大臣之許云々，

頼実は命からがら逃走しようとして，正体を隠すためだろう，「直垂・折烏帽子」を着ていたという。義仲側の武士たちに捕えられた。手斧で殺されそうになった頼実は自ら名乗って難を逃れんとした。しかし，貴族でありながら直垂・折烏帽子姿の頼実は，武士たちに「貴族ではあり得ない恰好で，殺されたくないから貴族と偽っているのだろう」と思われてしまった。再度，手斧で首をはねられそうになった瞬間，下男で顔見知りがいたので命拾いした，という。なかなか記述がうまく，情景が目に浮かぶ。この記事も前掲した長明の文意と非常に近いが，要は折烏帽子・直垂姿は武士の代名詞とも呼べる身なりであり，貴族ではありえない姿だとしている点だ。この時期，武士の服装における大きな流れは定着したとみていいのだろう。直垂は折烏帽子という冠帽具とともに武士の標識となっていたのである。平安時代の末期，12 世紀後半，直垂は武士の社会における存在感の上昇とともに，武士の服装として定着していたとみるべきだろう。

平氏政権の衣服観（1）

われわれ有識故実の研究者は服装の記事を読みながら，いろいろな情報を得る。巨視ともいうべき時代背景，公・私，居合わせる人物と着用者の序列・関係性，そして微視ともいうべき服自体について，服の組み合わせ，色や文様などであろうか。こうした事柄について考えながら相互の共通性や相違点を検証しながら行ったり来たりの往復運動を重ねるうちに着地するべき結論を得る。微視による読解は思わず心躍るような情報をもたらすことも多い。たとえば，

直垂が折烏帽子とともに，武士の標識となっていたことを示唆するさまざまな文献史料が数多くある。2点ほど史料を掲出して紹介しよう。

貴族・吉田経房の日記『吉記』治承4年11月24日条では皇后に供奉する平宗盛について「前右大将〈宗盛，着鞠塵直垂，鹿皮行縢，〉，」とする。また，前掲の『玉葉』寿永3年（1184）2月9日条では，平重衡が源氏方に捕縛され京洛に連行されたときの服装を「今日，三位中将重衡入京，着褐直垂小袴云々，即禁固土肥二郎実平〈頼朝郎従，為宗者也〉許云々，」と記している。

この二つの日記の記事は，直垂と武士の関係を文献史料中に探し回っているときはあまり重要性を覚えず，メモとしてとっておいただけだった。今までお読みいただいたように，武士と直垂の関係性について考察が深まってきたとき，たまたまこの二点を含む平家の武士と直垂に関する記事類をながめていた。目を通しているとなにか「違和感」のようなものを覚えた。具体的には，直垂の素材がしっくりこないのだ。

前にも述べたが，袖細以来，武士の服は小袴にしても，葛や枲といった植物繊維の布地を用いた質素な素材だったはずだ。『吉記』の宗盛の直垂は，絹織物の生地に用いる，異なる色の経糸と緯糸で織り上げた青緑にみえる織色「麴塵（鞠塵／きくじん）」を用いている。麴塵は暗い黄緑色で青みがかった緑，緑がかった青に見える，複雑な味わいのある色だ。この織色は原則的に平安時代以降の天皇，上皇，皇太子や一部の高級貴族の用いるものだった。宗盛がこの麴塵の直垂を身にまとったのは治承4年，正二位でありまぎれもない高級貴族である。そうした朝廷で有位であるだけでなく高位の貴族の身分であることと，自らが軍事貴族（＝武士）という出自を同時に示したのが，この麴塵の直垂姿と推測される。宗盛の直垂は武士としては破格のまがまがしい姿であったろうし，それゆえに吉田経房も日記に記したのだろう。

しかし，『玉葉』の平重衡は，「褐」色（藍味のある紺色）の直垂を着ている。これは宗盛の直垂とは真反対の，植物繊維の布地による染色だった。供奉の近衛の下級官人らが着る褐衣と同じ色で，質素とまでは言い切れないがしょせんは布地のもので絹織物に比べるべくもない。本来なら，前掲の宗盛同様に高級な絹地の直垂でも着そうなものだが，一ノ谷の合戦で源氏方に大敗した平氏のなかにあり，捕縛された立場としては当然の身なりだろう。武士本来の身なりをさせられたともいえる。そして本書第1部の冒頭で掲出した『玉葉』寿永2年（1183）11月6日条を思い出してほしい。平頼盛は，都に迫る源義仲の軍勢を山科で迎え撃つために出陣したが，その他の平氏は都落ちをはじめた。都に取り残されたような状況で頼盛はそれ以上源氏方に刃向うこともなく，いわば投降したようなものだった。そののち鎌倉を訪れたわけだが，頼朝と対面した頼盛は唐綾の直垂に立烏帽子であった。唐綾は絹織物の一種で，平安時代に中国からもたらされた技術で，日本でも作られるようになった。手の込んだ織り方であり文様などが際立ってくっきり見える高級品だった。ともに鎌倉に来た子息ともども腰刀や太刀は携帯せず，戦意のないこと，投降したことを，頼朝や鎌倉幕府方に目に見えるかたちで示している。重衡は戦闘のさなかに捕縛された者，頼盛は戦意を折り投降した者，その差だろうか。

平氏政権の衣服観（2）

平氏は保元・平治の乱を経て，清盛が高い位階を得て太政大臣になり，栄華を極めた。その過程で，武士のトレードマークとなっていた袖細は様式を整えつつあった直垂に変わっていった。袖口が広く大きくなっていったのも，おそらくは貴族の盤領系の水干などの衣服を模したものであろう。一方，貴族しか用いることのできないような高級な絹を素材としたのも，平氏の朝廷貴族社会における強まる権勢や立場の上昇が反映していると考えていい。また，第2部で詳しく述べるが，朝廷貴族社会の服装では，武官の正装である束帯姿で用いた欠腋袍（襖），私的な場や日常で用いられていた狩衣や，下級官吏の用いた水干という服を範として，脇の下を縫い合わせない仕立てを直垂も採用していく。欠腋袍，狩衣，水干，いずれも，脇の下を縫い合わせないことで，動きやすさ，あがきの良さを優先した服であった。これらの様式を直垂は吸収した。しかし，他方，布製の質素な直垂も存在していた。

武士たちの世界では，大多数が布製の直垂を着るなかで，平氏は，朝廷の位階をもつ者が高級素材の絹を使うなどして，非常に見栄えのするスタイリッシュな直垂による武士の姿を生み出したのである。平氏は折烏帽子に直垂という武士の身分相応の姿を否定することなく——もし否定してしまったら平氏は自らの存在をも否定してしまうことになるのかもしれない——，独自の服装文化を創出したともいえるのだ。

いずれにしろ，平氏の人々が直垂に用いた絹織物は原則的に朝廷貴族社会では当たり前の服の素材であったが，到底，在地の武士や民衆の手の及ぶものではなかったであろう。平氏の人々の当時のまがまがしい直垂姿は，当時の貴族たちや平氏政権の外にいた武士たちからすれば，なんとも「分不相応な」服装に見えたであろうことは疑いないだろう。

元来，平氏は身なりや装いにこだわりをもっていたことを推測させる史料もある。ほかでもない『平家物語（へいけものがたり）』だ。「禿髪（かむろ）」には次のようにある。

> 六波羅殿の御一家の君達といひて（ン）しかば，花族も栄耀も面をむかへ肩をならぶる人なし。されば入道相国のこじうと，平大納言時忠卿ののたまひけるは，「此一門にあらざらむ人は皆人非人なるべし」とぞのたまひける。かゝりしかば，いかなる人も相構て其ゆかりにむすぼゝれむとぞしける。衣文のかきやう，烏帽子のためやうよりはじめて，何事も六波羅様といひてげれば，一天四海の人皆是をまなぶ。

有名な平時忠（たいらのときただ）の「平家であらざれば人でなし」の発言が記されているが，そのあとの「衣文のかきよう」は朝廷貴族社会の一員としての貴族の身なりの時の着方や着こなしを示している。「烏帽子のためよう」は武士としての身なりへのこだわりを示しているとみられる。こうした平氏一門の装いへの凝り方，こだわりを，当時の人々は「六波羅様」すなわち「平氏風」とうけとり，理解し，時に模倣したりしたのだろう。平氏の人々が直垂を武士の身なりと強く意識していたらしいことは上の『平家物語』に続く部分で，標題の「禿髪」について述べる。

> 入道相国のはかりことに，十四五六の童部を三百人揃て，髪を禿にきりまはし，あかき直垂をきせて，めしつかはれけるが，京中にみちて往反しけり。をのづから平家の事あしざまに申者あれば，一人きゝ出さぬほどこそありけれ，余党に触廻して其家に乱入し，資財雑具を追捕し，其奴を搦と（ッ）て，六波羅へゐてまいる。

清盛の発案で，髪をおかっぱに切りそろえた14〜16歳の少年たち300人に赤い直垂を着せて，都中を行ったり来たり闊歩させた。もし平氏の悪口を言う者がいたら大挙してその者の家に乱入しすべての家財を召し上げ，さらにその者をとらえて六波羅へ連れて行った。14〜16歳といえば元服している者も少なくない年頃で，その子たちにおかっぱ髪をさせ，赤い直垂をユニフォームのように着せる。どのような出自の少年たちかはわからないが，直垂を着せている点が興味深い。源義経が牛若丸であったころ，五条の橋で弁慶と大立ち回りしたときは水干姿であったと考えられているが，直垂というのはこの少年たちが武士の係累のものであることを暗示している。

目立つことこの上ない異形の童たちだ。こんな変わった外見の少年たちが都の中，人でにぎわっているような場所を闊歩する。不気味な光景が目にうかぶ。言論統制を狙って「平家の目・耳」たらんとせしめたゆえ，平氏政権の厳重な監視網が都の人々をいつでも「見ているぞ，聞いているぞ」という圧力だ。ただ，平氏方は直垂が武士の代名詞となっていたことを重々承知しており，平氏は，武士＝直垂という都の人々の認識を利用したのである。

源頼朝の水干姿——鎌倉幕府服制の萌芽

前にみた『玉葉』寿永2年（1183）11月6日条で，鎌倉で頼朝と対面した平頼盛は，豪華な「唐綾直垂，立烏帽子」姿だった。「唐綾」とは中国伝来の製法で織られたもので，貴族の身にまとう衣服を作る素材である。今まで述べてきたように武士が切る直垂は，袖細から変化して間もない時期であり布製ばかりであっただろう。直垂といえば布製の質素なものばかりであったこの時代に，なんと貴族しか用いることのない唐綾の直垂姿であったわけだから，頼朝や周囲の鎌倉幕府の武士たちもさぞや驚いたことであろう。

対する源頼朝は「白糸葛水干立烏帽子」で，これは院政期以来，武士たちが朝廷貴族社会に与えられた序列と，その序列を目に見えるかたちで示す水干姿だった。本来，水干は朝廷に属性を持つ無位の吏僚，下級の役人，下部の服で公的なみなりであった。しかし，はっきりはしないが平安時代中頃，摂関期のころにはこれら朝廷の人以外の都の庶民クラスの人々にも少なからず用いられるようになった。庶民にとっての公服のような存在になっていく。

話を戻そう。「白糸葛」，植物繊維で織られた布地製の質素でこぎれいな姿だった。この対面は両者にとって公的な対面の場面であったといえよう。頼朝にとって，鎌倉に入り東国の荘園公領の年貢や官物の納入と引き換えに東国の支配権を得た，有名な寿永二年十月宣旨（せんじ）を賜ったが，まだまだ鎌倉幕府の開府には今少し時間が必要な時期であった。頼朝は 37 歳，従五位下，頼盛は 52 歳，解官されたとはいえ正二位権大納言まで上った人物であったが，その場でそれぞれが着ていた服装は，平氏と源氏，それぞれが歩んできた院政期以来の道のりを如実に反映したものだった。

水干を含めた源頼朝と御家人たちの服制についてはあとで述べるとして，平氏は貴族化して軟弱になったなどといわれる。このことを否定するわけではないが，服装の面から考えると，むしろ彼らは直垂を武士のトレードマークのひとつとして積極的に受け止めていた。文献史料には平家が保元・平治の乱以降，水干を着た記事は少ない。平安時代後期，水干を正装，直垂を日常という服制を朝廷貴族社会から与えられその序列と支配に組み込まれた。武士たちは，平氏と同政権期に至って，朝廷貴族社会から与えられた服制を朝儀などの場をのぞいて否定し，前に見た頼朝と対面した頼盛にしても，相手への敬意は与えられた服制に拠らず，高級素材の武士本来の服装，すなわち直垂で示した。おそらく，平氏は平氏なりの服装観をもっていたといえる。平氏は，朝廷貴族社会における平氏の服制を，自ら選ぶ権利を手に入れたのかもしれない。平氏政権はごく短い時期のことであったが，自らの姿が他人にどう見えるかということを常に意識していた。

平家独特の価値観にもとづく公私の儀礼観をはぐくみ，これに沿って布製と絹製の直垂を使い分け，また朝廷貴族社会の服と武士本来の服装を使い分けるなど，平氏の服制を生み出しつつあった。平氏政権固有の服装文化を創出しつつあったと言ってもいいだろう。武士の服制，武家服制の起点は平氏政権であったということになる。

第3章　直垂の誕生，武士の誕生

武士とは

直垂という服の誕生をいろいろな角度から見てきた。服には意外な歴史があり，その背景を探っていくのは興味が尽きない。袖細から直垂の成立にいたる道筋をたどってきたが，ここでは第1部の終章ということもあり，袖細や直垂をふくめた武士の服装を概観し，背景となる武士の歴史もあわせて考えたい。

明治期の法制史家で歴史学者の三浦周行（みうらひろゆき）は，平安時代の中期頃より，都から見れば辺境といってもよい東国などに散在し，地域を開発した武士たちを，ヨーロッパの騎士に比し，（武装した）封建領主と受け止めた。古代の支配階級・貴族や寺社勢力を実力で凌駕したと理解した。さらに，戦後日本史学を牽引した歴史学者である石母田正らは，武士を中世をもたらした者として位置づけた。

だが，こうした辺境で地域を開発することで勢力を得ていったとする在地領主，開発領主とも言い換えられる者を武士の起源とする論だけでは，都に居を構え，大小の武士たちを束ね統率した，源氏，平氏，藤原氏などの高級武士のような朝廷，院などと密接な関係をもつ武士たちについては理解が及びにくい。

近年，佐藤進一や上横手雅敬，戸田芳実，最近では高橋昌明ら歴史学者たちによって都の武士たちこそ「武士の起源」とする起源論が提唱され，武士の多様性，広く大きな時代背景をもつ武士論が展開されている。また野口実や元木泰雄もこうした歴史学の武士の起源に関する諸研究を受け，よりわかりやすく，より深く検討を加えている。実は，こうした武士の起源論と触れることがなければ，本書もあり得なかった（もし誤解している箇所があれば伏しておわびしたい）。

朝廷と武士の関係を紐解くとき，起源をたどれば，7・8世紀の物部（もののべ）氏，大伴（おおとも）氏などがある。大和朝廷の軍事力をつかさどる同族の集団，すなわち，氏（ウジ）に分類される人々だった。しかし当時の東アジアに浸透しつつ律令制を唐などから継受した朝廷は，才能ある人材の自由な人選を可能とするための位階制度や，朝廷内の序列を基盤とする官僚制度を導入した。そのために，特定の氏が代々にわたって特定の職掌を占有し続ける在り方「氏姓制度」は否定された。朝廷の軍事力を独占して担っていた氏が否定されたのち，律令国家が各国に設置した軍団がこの任を負った。律令国家の正規軍が生まれたということだろう。ところがその命はあまり長くはなく，平安時代の9世紀にいたると軍団制は廃止され，各国の国衙が中央の太政官に軍事行動とその動員を請い，太政官がこれを許可するかたちに移行していった。つまり，律令国家の正規軍は常備軍ではなくなった。

古代地方行政と武士

寛平—延喜年間（889–923），軍団制の廃止による地方の治安の悪化は，朝廷に納められるべき官物が群盗により強奪される事態をまねく結果となった。東国では，848年（嘉祥元）の上総（かずさ）俘囚丸子廻毛の叛乱や，865年（貞観7）の同俘囚叛乱，875年（貞観17）の下総（しもうさ）俘囚叛乱を経て，889年（寛平元）には物部氏永らが蜂起するなどの混乱が続いた。鎮圧に10年近くかかったようだが，そののちも，武装して馬などによる官物の運輸に携わり，あるいは逆に中央へ搬送途上の官物などを強奪する僦馬（しゅうば）の党（とう）が横行した。

この事態に対処するために，朝廷は当該国の受領国司に軍事力導入の裁量権を認めた。朝廷は国ごとに押領使や追捕使を任命，派遣し，そのもとに各国内の武芸（ぶげい）に長じた者を集め，叛乱の鎮圧にあたらせた。軍団制なきあとの各国に権限を移した，新たな軍政の改革が軌道にのった。このときの押領使や追捕使が，平高望（たいらのたかもち）・源経基（みなもとのつねもと）・藤原利仁（ふじわらのとしひと）・藤原秀郷（ひでさと）ら，下級貴族たちであり，彼らは父祖たちが受領として各地に赴いた際に各地域に伝わる，狩猟などに基づく在地の武芸，戦術を学んでいたからこそ反乱を鎮圧できたといわれている。彼らは鎮圧に成功し，国衙から公田経営を任され，軍事力維持のための経済的な基盤を手に入れる。

しかし，朝廷側は彼らを薄遇したことから，935年（承平5）～940年（天慶3）承平天慶（じょうへいてんぎょう）の乱が起きた。桓武天皇（かんむてんのう）曾孫・高望王（たかもちおう）は平姓を賜って臣籍降下（しんせきこうか）し，上総介（かずさのすけ）として関東に下るが，上記の東国の叛乱を鎮圧し，そのまま当該地域に根付いた下級貴族であった。その子孫が，かの平将門（まさかど）だった。

また，従七位下伊予掾（いよのじょう）であった藤原純友（ふじわらのすみとも）は海賊討伐を任としたが，承平6

年（936）ころ，伊予国日振島を拠点に海賊の首領となっていた。将門も純友も下級貴族であり，任地で治安維持のために努力していたにもかかわらず，朝廷から正当に評価されないという不満が募っており，これが叛乱という形で噴出したということだろう。

皮肉なのは，たとえば承平天慶の乱を鎮圧したのは，将門や純友と同じ出自の下級貴族だったことで，前者の鎮圧に大きな働きをみせたのは下野押領使であった藤原秀郷，後者では山陽道追捕使の小野好古であった。

この乱ののち，朝廷は乱の原因がそれ以前の叛乱の鎮圧にあたった貴族たちの不満であったことを認識し，受領国司と同程度の五位ないし六位まで上昇させた。以後，承平天慶の乱鎮圧の功労者であった貴族らとその子孫は朝廷内の序列の上昇とともに軍事や武力に秀でた「兵の家」として歩んでいくことになる。11 世紀，さらにこのうちの一部が軍事力，武力に特化した「家」として，今でいえば，軍事力を家業とする家系が固定し「軍事貴族」が成立する。大勢は六位以下の侍だが，一部は四位・五位の諸大夫まで朝廷内の序列をあげた。

元来，諸大夫クラスの官人たちは，平安時代の朝廷における受領国司たちでもあり，任国に下って当該地域の支配を負った。そして，任国の当地の最高責任者として地域に君臨し，国家への納税につとめるかたわら，私財の蓄積にも邁進した。一部の軍事貴族たちのもうひとつの顔は受領国司だった。受領といえば，『今昔物語集』巻 28 第 38 所収の「信濃守藤原陳忠落入御坂語」が有名であろう。陳忠は平安時代中期，1003 年（長保 5），信濃守の任期を終えて帰京の際，東山道神坂峠で騎馬のまま谷に転落した。従者が陳忠を引き上げようと籠をおろすと，はじめは籠一杯の平茸をひきあげさせ，2 度目には片手にもってあがってきたという「転んでもただでは起きない」という主旨の話だ。

軍事貴族たちも同じであるとは言わないが，彼らも国司として赴任した任地で，財力・経済力をたくわえた。さらには任地の地域の在地領主層であった武士たち（侍）と大少の武士団を，ときに抑え込み，ときに懐柔し，優秀な技量をもつ者は従者とするなどのかたちで交わりをもっていたのだろう。こうして都の軍事貴族らは徐々に強力な武士の集団へと成長を遂げていく。

一方，摂関期前後から，赴任してきた受領国司の徴税集荷や人員の徴収などを排するため，在地の富豪層に代表される地域の権力者たちは，土地を都の貴族や社寺などに荘園として寄進し，朝廷や上皇を擁する院（院政）との結びつきを深めていく。これも武士の存在を高め世に知らしめる結果となった。たとえば，上皇の身辺警護のためにおかれた北面（ほくめん）の武士がある。白河法皇（しらかわほうおう）の康和年間（1099–1104）頃に設立された，院の近習（きんじゅう）や僧侶，そして武士たちであった。「北面」とは「北の面（おもて）」であり，院庁の北方に位置する上皇の居住空間である「北の対」とよばれる殿舎周辺に近侍していたことを意味する呼称といえる。僧慈円が鎌倉初期に書いた歴史書『愚管抄』には北面の武士のことを「此御時，院中上下の北面を置かれて上は諸大夫，下は衛府（えふ）所司允が多く候て，下北面御幸（げほくめんごこう）の御後には箭負て，つかまつりけり，後にも皆其例也」と記している。これによれば，北面は上北面（じょうほくめん）と下北面に分かれていた。上北面は，ここで取り上げている四位・五位の諸大夫層が中心で，事務官僚である文官の職だった。行政や経理，一般事務をこなす人々で，優秀な者は朝廷の公卿にいたることもあった。下北面は六位の侍身分でそのほとんどは武士だった。われわれのイメージする北面の武士は後者であろう。

なお，以上のような戦争や地方支配をめぐる諸事のみが武士と朝廷貴族社会の接点ではない。一例をあげると，天皇の居宅や政庁があった都の大内裏内の警備等をになった六衛府（ろくえふ）と総称された朝廷の親衛軍組織があった。実戦部隊というよりも儀仗兵（ぎじょうへい）の面が強いが，近衛府は天皇の身辺警護，衛門府や兵衛府（ひょうえふ）は，内裏の門の警備や天皇の行幸（ぎょうこう）の警護などを担当した。近衛，衛門，兵衛（ひょうえ）の各府はそれぞれ左右があるので，合計して六衛府と呼ばれる。六衛府に勤務する官人たちは武官と総称されるが，なかでも衛門・兵衛府は，京洛の治安維持などの任を負う検非違使の軍事力の中核も兼任した。9世紀半ばには諸国国衙に「国検非違使」が置かれる。六衛府や検非違使の下級官人たちは，朝廷内の六位〜八位の官人や各国の郡司の子弟がつとめたり，民間からの登用があったりした。こうした下級官人の武官たちの中にも，当然，軍事貴族や在地の武士未満の人々もおり，ここも朝廷貴族社会と武士の接点となっていた。

武士の「原風景」

ところで，平安時代の末期になると，『古事談』『今昔物語』『宇治拾遺物語（うじしゅういものがたり）』『古本説話集（こほんせつわしゅう）』などの説話集に，まだ歴史に姿を現したばかりの武士の姿が断片的に描かれるようになる。その描き方からは武力の行使や戦争，武具類を使用する能力のある職能を有した人々という印象が強い。元来，奈良時代前後より富農として地方に政治的・経済的基盤を確立した豪族らもあれば，もっと小規模な地域を開発・開墾していた集団など，武士の起源となる集団が数多く存在した。

彼らは，武力だけで生活を立てていたのではなく，おそらくは農業や狩猟，あるいは運送業などもおこない，現代風のことばでいえば「兼業」であった。まだ「武士（武家）」身分として成立していたとは言い難い時期でもあった。基本的に，平安時代末期の武士といえば，地方の一定地域に何世代も腰を落ち着け，生活基盤としていた。土地の開墾を進め，時に支配領域に侵入してくる他の地域の者たちを排除するために，あるいは治安の維持のために武器をとった。テレビなどで見かける江戸時代の武士とはかなり違和感を覚える生活であっただろう。奈良時代以来の古代国家では，各地域に根ざした，こうした有力者たちは，都の貴族や社寺などの荘園などの管理人におさまり，あるいは国家の支配する地域であっても，朝廷の任命する国司により，地域の税の収奪を任せされた郡司とその末裔など，各地方には在地領主層とよばれる地域の権力者たちが存在した。こうした武士たちの統率者は，棟梁（とうりよう）として一族や功績のあった者などを家人として組織し，その下には郎党とよばれる下部たちがいた。こうした，ややプリミティブなイメージをもつ武士たちは，規模の大小こそあれ細分化した地域を統合し，少しずつ強大化し，軍事力を整備し武士団となっていく。彼らは居住する地域で育まれた，独自の武芸の技術や戦争のノウハウを蓄積していった。

武士は地方在住の低い身分の人々が既得権益を守るために武装したことがはじまりだとする，ごくごく一般的な理解がある。院政期前後，軍事貴族化する下級貴族と，在地で生まれて暮らしていた武士と武士「未満」の人々，両者の歴史を理解する必要がある。服装とまったく関連性のないように見える記述にお付き合いいただいて本当に申し訳なく，また，読んでいただけていることに感謝するばかりである。しかし，このような武士の登場についての経緯を踏まえると，袖細や直垂の問題，さらに武士の服制の輪郭がおぼろげながら浮かび上がってくる。さて，前章まであつかってきた袖細や直垂を背景となる時代との関連からみてみよう。

袖細直垂・筒袖小袖の意味

何の飾りもない，つまり胸紐や袖括りの紐，菊綴などがない袖細（以後「袖細A」と呼称する）は，平安時代，あるいはもっと前から都鄙に関係なく用いられていた服だったと考えている。この袖細はどのように成立したのであろうか。その起源はどんな衣服であったのだろう。

袖細の構造を見てみると，身頃だけで袖のついていない「袖なし」「手無し」といった衣服が原型だったのかもしれないと考えることがある。筆者が中学生だったころ，日本史の授業で，弥生時代，稲作をおこなっていた弥生人の服装は貫頭衣だったと習った。長い布地の真ん中に切れ目をいれて頭を通し，その布が身体の前後にかかり，ひもで縛れば服と同じだ，という内容だったと思う。そう，これは「貫頭衣」である。

貫頭衣は3世紀末に成立した『三国志』の「魏書」第30巻烏丸鮮卑東夷伝倭人条，すなわち『魏志倭人伝』が初出であろう。弥生時代のおわり，古墳時代のころの風俗として記述されている。教科書の貫頭衣の図をみながら体格によっては布の左右から身体がはみでてしまったり，出っ張ってしまったり……「どうしていたのだろう」と不思議に思った。しかし現在の教科書ではこうした疑問にこたえてくれていて，ずいぶん進化した見解が紹介されている。すなわち，細長い布地を2枚用意する。長い方の辺を寄せてはぎ合わせる。その際，はぎ合わせて綴じ付けるのは長い辺の半分程度で，はぎ合わせた方を背中に，はぎ合わせていない方を身体の前面にする。腰のあたりでこの布地の上から紐や帯を縛れば，貫頭衣よりもさまざまな体型に合わせられる融通性の高い服が完成する。

貫頭衣は布の構成や形状など，よくよく見てみると袖細の原型とみても障りはないのではないか。一方，たとえば弥生時代や古墳時代に生み出された可能性の高いこの服が平安時代まで作り続けられ，使い続けられたと断言できるか，という意見もあろう。それならこれに襟や袖をつければ袖細となることは否定できるであろうか。

注目すべきは，こうしたシンプルな様式の服には衽が存在しないことだろう。

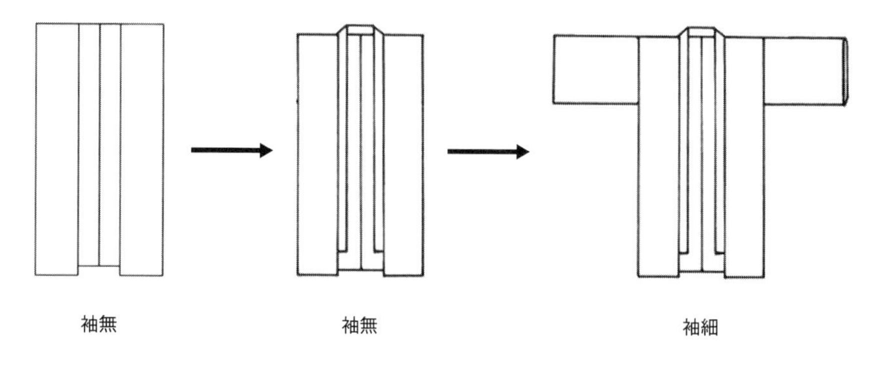

図 17　袖無から袖細へ

やはり，衽は朝廷貴族社会の服装文化と接触しない限り誕生しないといえるのではないだろうか。そして後の時代，武士と呼ばれる人々やそのほかの民衆，極論すると貴族以外の人々にとってはシンプルな袖細 A こそが彼らの日常服・労働着であったと考える。

平安時代中期から末期にかけて，地方の在地の武士の人々はこの袖細 A を，小袴とともに用いたり，着流しで着たり，何枚も重ねたりという服装文化であったろう。5・6 世紀にはほぼ完成した，袖細や筒袖小袖が成立してしまい，この服はそのまま大きな変更もなく平安末期まできたのだろう。これが地域で自然に発生する，ということなのかもしれない。おそらくは豊かでない生活の中で人々は必要な分だけ服の材料を作ったり，市のような場所で材料や服そのものを入手したりしていたのだと思う。手に入れた服を大切に大切に着て，時に数世代にわたって伝えたのかもしれない。現代の和服――きもの――は，着る人の身長や体格にある程度対応できる，融通性に富んだ服といえる。こうした経済性の高さは，この服の起源が袖細であることを示している。

袖細・筒袖という特徴的な袖を持つ服は，大方の武士は着用し続け鎌倉時代にいたり，庶民の服としては，衽を得たり，袖の下端は緩やかな弧をえがく袂（たもと）ももつようになる。やがて，南北朝期や室町期を経て，小袖（こそで）と呼ばれるようになる。小袖は，近世に入り，熨斗目（のしめ），振袖や留袖へとバリエーションを増やし，お被布（ひふ）や羽織（はおり）なども生み出し，近代に入り，現代の和服となる。しかし，その大まかな構成や服の形状にさしたる変化はない。基本的な構造を維持し続けながら，ときに装飾性を加味し，利便性から朝廷貴族社会に属性をもつ衽を導入したりして，現代にいたるのである。かえすがえすも，袖細直垂と筒袖小袖は，大した服だと思うのである。

第１部まとめ

第１部も最後なので，武士の服と服装について，時代背景を交えながら簡単にまとめておこう。

盤領系衣服のヒエラルキー

院政期前後，軍事貴族となる押領使や追捕使に任ぜられた下級貴族たちが，朝廷貴族社会や都の衣食住などの生活習慣や信仰などの文化を地域にもたらしたと推測される。下級貴族らが帰京する際に都に随行していったり，自ら都まで出向き臣従したりした武士たちも都や貴族社会の文化を伝える役割を果たしただろう。下級貴族たちが，受領として各国に下ったり，在地の武士たちと反乱鎮圧のための一時的な主従関係を結んだりするなかで，朝廷貴族社会の狩衣という服や水干などが在地武士に広がっていったのではないだろうか。

狩衣は，元来，朝廷貴族社会に属性を求められる衣服だ。文字通り，狩猟などに用いられた盤領系の服であり，腋を縫い合わせない構造は水干と似たものとなっている。シルエットが朝廷貴族社会の人々の正装（礼装代）である束帯，なかでも武官が用いた欠腋の束帯姿と似ている。狩衣の直接の起源はこのあたりであろう。「狩衣」の文字は10世紀ころから文献に見られる。皮膚感覚としては，着心地の良さから，ラフな家居の服装となったのではないだろうか。この構造をもう少し詳しく説明すると，前身頃と袖の前面は縫い合わされていない。後ろ身頃の一部と袖の後面の一部が縫い合わされているので，非常に腕のあがきがいい。着る者が作業をするなど激しい動き，大きい動きに対応した服の構造といえるだろう。ゆえに，ゆったりしていて快適な着心地でもある。狩衣は，騎馬や，弓をとり矢を射るなど狩猟におけるさまざまな運動に適したつくりとなっている。水干は，盤領ながらも労働全般などに適したものとなっている。狩衣と酷似しているが，見た目の違いは上着を袴に着籠める点であろう。

それでも狩衣は，朝廷貴族社会において，朝儀や参朝などでは絶対に着用をゆるされない，日常着の域を出ない私服だった。ゆえに色や文様などの服制をもたないという特色がある。しかし盤領である以上，庶民がおいそれと着ていい代物でもなかったようだ。

たとえば，都から来た役人と在地の人々という関係性が明白でなければならないのが，朝廷の出先機関である国衙やこうした臨時の反乱鎮圧のための公的な軍事組織だろう。前述の水干は，国衙に雇用され，奉仕する在地徴用の人々に与えられることで，朝廷側の属性を明白なものとし，制服として正装の機能や役割を果たしたのであろう。この点は武士と変わらない。在地の武士たちでも，地域のまとめ役のようなクラスの者たちは，日常的な場や，朝廷貴族社会の人々を交えない空間では，ぬけめなく狩衣を使用していた可能性が高い。国司や押領使，追捕使として在地に下った下級貴族たちにとって，狩衣は朝廷貴族社会の一員としての帰属を示す盤領であり，都でもおそらくは日常的に着ていたであろう服装である。狩衣の服装習慣を任地に下っても維持していたであろう。また，無位の官人の服装でもあった水干も，やはり下級貴族たちの使用人たちの服装として持ち込まれただろう。

使用人たちにとって，狩衣を着ている下級貴族である主人の目の前にいるということは，仕事をしている職場なのだから水干を正装としてまとっていただろう。なお使用人たちも主人の前でなければ案外袖細Ａのような恰好であったのではないかと考える。また，その使用人でも，水干を正装として着ていた者はおそらく上位の使用人で，下位の使用人たちや近隣・近傍の農民などは袖細であっただろう。このような下級貴族の服装による序列（主（狩衣）・従（水干／袖細））を示す服装習慣は平安時代中期から末期，在地に広まっていったとみられる。その様子は，今まで何度もとりあげてきた絵巻物類に描かれている。

図18は『信貴山縁起絵巻』の山崎長者が馬に乗ろうとしている場面である。山崎長者は水干を着ており，周囲の従者は袖細を着ている。この長者家では，長者は水干を身にまとい，召使らは袖細のようだ。図19は『粉河寺縁起絵巻』後半の利生譚である。河内の長者家の庭先での，周囲の農民などと思われる人々が貢納品を届けに来た場面が描かれている。荷物を運ぶ者らは袖細，長者家の要職にいる召使らは水干を着ている。別の場面で，長者は日常の場面で狩衣を着ている。こちらの長者家では，図18よりも服装による序列の視覚化が細かい。

図 18　主人（水干）と召使（袖細）『信貴山縁起絵巻』
馬に乗ろうとする主人は水干を着ているが馬の顔の脇に立つ召使は袖細直垂を着る。この絵巻物では，水干が主人であり従者は袖細直垂という，衣服による上下関係を示すルールがある。

図 19　召使の序列と服の違い　『粉河寺縁起絵巻』
図 18 で見た水干と袖細が主従関係を示すルールがこの絵巻物でも使用される。異なる二つの絵巻物に見られる衣服により示される上下関係は偶然の一致ではない。

図 18・図 19 の服装による序列表現は，いい加減なものではなく，ある程度，平安時代末期の地方の権力者の家の実状を伝えると考えている。都の下級貴族らがもたらした服装による序列の表示が，地方にも広がりつつあったことを示している。もちろん，制度的な広がりではない。しかし，それでも袖細を着ている人々の序列は下位である。武士も武装をしていることをのぞけば，庶民とほとんど変わらない社会の位置づけであったことをうかがわせるのだが，在地の武士たちや富農層なども主従や支配の視覚化の過程でごく自然に都の貴族らが共有している服装による序列を継受したのだろう。

また，近衛府の下級官人や膂力（りょりょく）の者として徴用された郡司の子弟なども，都でこうした貴族社会の服装習慣を知り，在地に戻る際に持ち帰ったのかもしれない。朝廷貴族社会の誰かがそばにいて監視していたわけではないだろうから，服装の差別化を権力者がおこなうのはさほど疑問をはさむ余地がない気がする。上位の人々，序列がはるか上の人々の服装をすることは，言葉はわるいが「虎の威（おどし）を借る」効果もあるわけで，当時の人々の心中も現代とあまり変わらない。

直垂――さまざまな文化交流のハブの役割

盤領の水干や狩衣，とりわけ前者が武士たちの間に広がっていくなかで，胸紐，袖括りの紐，菊綴などを有した袖細（以後，「袖細 B」と呼称する）が生み出されていった。水干の利便性を高めるような部品が，袖細 A（49 ページ参照）をさらに使いやすくするために移植されたのかもしれないし，一方で，一種の装飾として用いる人もいただろう。さらに，上着として用いる袖細 B，下着・間着として用いる袖細 A という差別化の意味もあったのかもしれないが，そうであるとすれば，このことは後に続く，直垂に基盤をおく武家服制に直接つながっていく。時期を限定することは史料の制約から厳しいが，平安時代後期，末期のことと思われる。

直垂は武士の服なので，朝廷貴族社会とは無関係と思われがちだ。しかし，水干の影響などが読み取れることから，朝廷貴族社会の影響は否定できない。では武士と朝廷貴族社会の接点はどこか，といえば，ずっと見てきたように，都や地方国衙，反乱の鎮圧先など，あるいは六衛府の下級武官たち，など，実は思った以上にたくさんある。国司や地方反乱鎮圧のために派遣された都の下級貴族たちと，在地の富農層や武士たちの出会いは，一種の異文化交流であったと思う。たとえば服装は，この出会いがなければ武士の服制は全く別のものになったかもしれない。そして，袖細をあらゆる面で一足飛びに発展させた平氏政権期は，武士の歴史においてもきわめて重要な画期であった。袖細の発展，直垂への進化は，武士の誕生を直截に語る現象のひとつと考えられる。

有識故実の視点で言えば，武具・甲冑なども同様だろう。奈良朝以来，朝廷の軍団制の解体期を経てもかなりの武芸や軍事に関する知識が朝廷側の人々の間に蓄積されていたと考えてよい。さらに，地域の治安維持や反乱鎮圧のために派遣された同じく下級貴族たちは，敵として味方として接触した在地の富農層や武士たちの武芸や用兵・運用・戦術などを積極的に活用し，吸収していったのだろう。それが武士の職能を飛躍的に高め，身分といえるところまで高めたのであろう。古代の武士の服装や戦争の技術をはじめ，きっと多くの事象が，故意であろうとなかろうと交換されたことだろう。貴族と武士たちの異文化交流にほかならない。

朝廷貴族社会は下級貴族やその末裔という制限つきであるかもしれないが，在地の武士たちと交流をはたすなかで相互にいろいろなもの・ことを共有した。それでも貴族たちが在地出身の武士たちをどのように見えていたかといえば，武士たちに水干を正装とする服制を与えたことに読み取れるだろう。当事者である武士たちにしてもこの服制にあまり疑問を抱いていなかったか，あるいは出自を考慮すると「仕方ない」とか，あきらめ気味であったのかもしれない。これを考えると，袖細Bを，素材面や色あい，おそらくは文様などの面でアレンジを加え，直垂と呼称したであろう平氏政権の服装文化は，質素で素朴な庶民の生活に起源を持つ袖細Aとは一線を画すものであったと言えるのではないだろうか。

直垂の完成と武士のイメージ

さて，時代は古代から中世へと大きく舵を切る。武士が自らの政権，鎌倉幕府を開くにいたる。武士の代名詞となりつつあった折烏帽子と組み合わされた直垂は，ついに彼らの神の姿にまでたどり着く。『吾妻鏡（あずまかがみ）』治承4年（1180）9月10日条には，興味深い記述がある。以下のような内容である。

> 前月の源頼朝による石橋山の戦いののち，甲斐源氏の武田信義と一條忠頼は頼朝に合流するべく駿河国へ向かった。しかし平氏の軍勢が信濃国のあるということでそちらへ向い，諏訪上宮の庵沢近隣に投宿した。一條忠頼の陣に夜更けになって若い女性が訪ねてきた。その女がいうには「自分は諏訪上宮大祝篤光の妻で夫の使いである。夫が言うには源家のため社頭において3日間の祈禱をおこなった。そこで夢告があった。梶葉紋様の直垂をまとい葦毛の馬に乗った「勇士」が一騎，「源氏の味方である」といい西方に行った。これは諏訪大明神のお示しで信頼に足る。夢から覚めて参上して申し上げたかったが，自分（大祝篤光）は社頭にいるのでそれもかなわないゆえ，妻を遣わした」と。忠頼はこの話を特に信じた（下略）。

梶葉紋様の直垂をまとい葦毛の馬に乗った「勇士」は諏訪明神の化身なのであろう。元来，貴族などの古記録に見られる夢には，神社などの神々や祖先の神は概して神性を示す清浄の象徴である白装束（しろしょうぞく）で，しかも貴族層の身分出自を示す服飾上のトレードマークである盤領の襟元の服装で描かれることが多い。すなわち朝廷貴族社会の人々の夢に現れる神は，彼らと同じ装いなのだ。人にとって，夢に現れる「神」の属性は夢を見た当人の社会集団に求めることができる。篤光妻の夢に出現する神の直垂姿は，武士が自らの「神」の姿に，自らの日常生活で着ている直垂姿をまとわせたということになる。武士が自らの身分の独自性を強く認識していたということだろう。武士は12世紀末にいたるまでの150年近くの年月を経て直垂を誕生させた。それは歴史上の「武士」の活躍が際立つようになるのと時を同じくする。

第2部

武士と直垂の「成長」

——中世前半期

鎌倉時代の有名な日記で朝廷貴族社会出身の女性「二条」の『とはずがたり』という全5巻からなる作品がある。この二条という女房は後深草院に仕えた，村上源氏出身の源雅忠（1228–1272）の娘であった。14歳から49歳まで（1271–1306）の人生をつぶやくように記しており，鎌倉時代後期の朝廷貴族社会や女性たちの心情を知るうえでとても貴重な作品といわれている。このなかの第4・第5巻は熱田神宮から鎌倉，浅草への紀行文，厳島への紀行文が含まれている。

第4巻では，鎌倉で目にした鶴岡八幡宮の放生会に出仕する将軍の行列供奉の武士たちについて述べている。

> 鎌倉の新八幡の放生会といふ事あれば，事の有様もゆかしくて立ち出でて見れば，将軍御出仕の有様，所につけてはこれもゆゆしげなり。大名ども皆狩衣にて出仕したる，直垂着たる帯刀とやらんなど，思ひ思ひの姿ども珍らしきに，

有力武士たちの多くが狩衣姿であるにもかかわらず，「帯刀」，すなわち太刀を佩き武装している者たちは直垂を着ていた，という。これは鎌倉時代の武士の姿，とくに征夷大将軍の近くに仕える武士たちの姿を活写している。実は鎌倉幕府の将軍近習の武士たちの行列供奉に儀礼観が見え隠れしている。衣服が幕府内の序列・着用者の幕府内の位置づけを示しているのである。鎌倉時代，武士も儀礼観をはぐくみ，儀式儀礼を整備した，ということだ。

時代は中世に入る。前代から引き続き，武士は在地・地域権力であり続けながら，鎌倉・室町両幕府を通じて中央集権的な全国の統治を目指した時代でもある。

武士は自らの統治力を高め，権力のおよぶ範囲を広げようとした。自らの軍事力やこれを維持するための経済的・社会的基盤を確固たるものにするべく，経済・流通・生産・法制などの諸方面にわたって，種々の工夫をこらしてきたのは広く知られるところだろう。

武士たちは，自らの生み出した直垂とその服装文化をどのように育んでいったのだろうか。第２部では，直垂の進化をあつかうことになる。平安時代末期，平氏の人々により武士の服装として整備が進んだ直垂という服と服装文化は，鎌倉時代，武士が政治に大きな発言力をもち，その存在感をより大きなものへと成長させていく時代，どのように育っていったのだろうか。筆者の関心は次の点にある。

①鎌倉時代，武士はどのように直垂を育てていったのか。

②鎌倉時代，直垂はどのように外見を変化させていくのか。

③鎌倉幕府は武士の服装について制度を作ったのか。服制を定めたのか。

この３点について考えていきたいと思う。ではまず鎌倉時代を筆者の興味にそって概観することからはじめたい。少しだけ服装の世界から遠ざかるがお付き合いいただければ幸いである。

第1章　鎌倉武士たちの直垂

鎌倉幕府期の武士

鎌倉幕府期をむかえ，武士たちは幕府という大きな政治権力の傘のもと，歴史の表舞台に姿をあらわす。そして日本の古代を中世へと変えていく。当初，鎌倉幕府は東国に限定された支配力しか持ち合わせなかったが，さまざまな機会を逃すことなく，各地域への支配力を高め，全国規模の政治権力として成長していく。武士が身分としても少しずつ確立していく時期といえるだろうか。

源氏と平氏の戦い――治承兵乱――時に功績のあった東国御家人たちや，奥州藤原氏などの排除など，鎌倉幕府成立時には数多くの兵乱があった。鎌倉幕府が唯一絶対の武家の棟梁であるための戦いであったと理解するべきであろう。また，都の朝廷貴族社会とも衝突があった。1221年（承久3）におきた承久の乱である。後鳥羽上皇が執権北条義時を追討し，東国御家人の支配を目論んだ。有名な源頼朝の妻「尼御台」「尼将軍」北条政子の演説の末，都の朝廷側に刃向うことを恐れ動揺していた武士たちは冷静さを取り戻し，19万騎の大群で反攻に出たという。各地で朝廷側を破り都に進出した。結果的に大勝した幕府側は，朝廷に与した武士らの所領を没収し，あらたに幕府が任命した地頭を配した。このことで多くの東国武士たちが西国へと移り住むこととなった。鎌倉幕府は，支配が弱かった西国にもその力を及ぼすこととなる。

やがて，モンゴルによる侵攻，すなわち元寇と総称される，1274年（文永11）の文永の役，1281年（弘安4）の弘安の役は，幕府が全国の武士と一致団結して対処する必要性を強く認識させたであろう。そのために執権をつとめる北条氏が実際上の幕府の上層に君臨し，得宗専制という強権支配を進める。これをよく思わない武士たちとの摩擦が生じ，幕府が不安定な政権になってきたのが13世紀末である。さらに御家人たちは，家督相続の細分化や，元寇参加時の恩賞不足などがあり，経済的に追い詰められ，不満を蓄えていく。武士自体も幕府との密接な関係性に拠って生きる者や，地方の在地で地域に根付いた者もおり，朝廷貴族社会が幕府に変わっただけで，平安時代末期と武士たちの本質的なあり方は変わっていないようにみえる。

14世紀に入ると，朝廷側は後醍醐天皇らを中心に幕府との対立を深め，北条氏による得宗専制に不満を抱く，悪党とよばれる楠木正成などの武士たちが各地域で挙兵するなどした。1333年（元弘3），鎌倉幕府の命で反幕府勢力の鎮圧にむかった足利高氏が，反幕勢力の後醍醐天皇側に寝返り六波羅探題を制圧した。東国の上野では新田義貞が付近の武士たちとともに鎌倉幕府の根拠地である鎌倉を落とした。かくして，軍事貴族出身の源氏と武士らによる初の政権，鎌倉幕府は倒れ，後醍醐天皇による建武の新政がはじまる。

以下では，鎌倉時代の武士の服装を見ていくことになる。鎌倉時代，直垂，水干，狩衣を着こなしながら暮らしていた武士の姿は，絵巻物全盛時代ともいえるこの時代の作品にあまた描かれ，また貴族の日記や説話文学などの文学作品にもあらわれる。

前にみたように，院政末期，武士たちは朝廷貴族社会の最末端に位置づけられたわけだが，平氏政権期に清盛以下，多くの者が朝廷の高位に進出した。軍事貴族として低い位に甘んじていた武士は上級貴族の仲間入りをはたした。次に鎌倉時代の直垂を中心に武士の装いをながめてみよう。

1191年（建久2）「建久新制」

直垂に関する興味深い記述のある史料がある。世に『三大制符』として知られている鎌倉時代の朝廷が出した禁制だ。平安時代中期から南北朝期まで朝廷による数箇条から数十箇条におよぶ法令がたびたび出され，これを「公家新制」とか「新制」と呼ぶことが多い。8世紀に出された古代国家の根本法である律令の乱れを是正する目的の法律といえる。基本的に禁制（何かを禁止する法制度）で，服装や服飾品などに関する奢侈禁止の条文も少なくない。『三大制符』は公家新制のなかでも著名な，1191年（建久2）の「建久新制」，1231年（寛喜3）の「寛喜新制」，1273年（文永10）の「文永新制」を指す。このなかの「建久新制」（建久2年3月28日）には，次のような条文がある。

一　可停止諸家侍著直垂事，

仰，近年諸家侍，称直垂有著用之物，俗謂之甲衣，人宛之褻服，其姿為異，

其名足禁，非唯用美絹・細布之類，兼又尽綾羅錦繡之美，永守僭上之誡，
莫背宣下之法，

一見すると直垂の命名に関して時期や経緯を知るうえで最重要な内容にみえる。筆者自身もはじめてこれを目にしたときは狂喜乱舞した。しかし，冷静に読んでいくと，そうした気分は急速に雲散霧消してしまった。なぜか。

時代背景をふくめながら文意を概観してみよう。平氏が壇ノ浦で滅亡したのが1185年（元暦2）2月のことだが，その6年後の禁制である。文中の「諸家」とは，おそらく貴族家を指すのだろうが，そこに属性をもつ侍（六位以下の地下官人や武士たち）たちが，直垂と称して着ているものは，俗に「甲衣」と呼ばれたという。第1部まとめで示した，やや完備した袖細Bが広袖の直垂に変化するのとさほど遠くない時期に「褻服」，つまり公的な服や服装ではなく日常的な私服と認識されていたことは興味深い。しかもその姿は「異」と理解されていたのである。では，褻ではない，晴（公的）な服とは何か，と考えれば，それはあとで詳しく述べるが，水干・小袴なのであろう。いずれにしろ，法令としては，身分を越えた，出過ぎた贅沢な身なりはするな，というところだろうか。「侍」の用いる直垂に用いられる素材の許容範囲も漠然としてだがうかがわれる。上質なものとして「美絹」や「細布」があげられているが，これらでさえ朝廷貴族社会の側からすると目にあまるというような書き振りで，まして「綾羅錦繡」などという殿上人たちが着るようなものまで直垂の材料とするなんてもってのほかだ，とでも言っているようである。直垂の素材は，非常に質素な，植物繊維の「布」でない限り，朝廷貴族社会の人々は認めていなかったようだ。公家新制と呼ばれる一連の法制は，奢侈の禁止を目的とする条項が非常に多く，朝廷貴族社会で言えば，五位以上かそれ以下かを目に見えるかたちで示す視覚指標の徹底をはかろうとするものが多い。少し拡大解釈するなら，自らの分限を越えるな，自らの身分・序列をわきまえろ，といった趣旨が発布の目的となっている。甲衣，すなわち鎧直垂を着るなといっているのではなく，豪華な素材を用いるな，といっている点がおもしろい。

甲　衣

鎧直垂は，通常の直垂と形状や構造上，さほど相違はないが，騎兵として馬

上での手綱さばきに支障をきたさないように袖を細目に仕立ててある。また直垂各部位の綴じ目や矧ぎ目補強のための菊綴の数を多くしてある。通常の直垂との相違点といえば，決定的なのは，素材や文様，色などの「見た目」ではないだろうか。史料を調査してみると「甲衣」の語は，現時点では『建久新制』以外にみあたらなかった。しかし「甲衣」と同じ意味の「甲直垂」や「鎧直垂」の語は史料中に散見する。

たとえば，『吾妻鏡』文治4年7月10日条によると，源頼朝の嫡男・万寿（頼家）の御甲始に際して小山朝政が持参したのが青地錦の「甲直垂」であった。また同書の同5年6月13日条には奥州藤原氏の泰衡の使者新田高平が美酒につけた義経の首を腰越に届けてきた際に，首実検にのぞんだ和田義盛・梶原景時らは「甲直垂」姿だったことが記されている。同書中，治承4年9月17日条によると，頼朝に陸奥頼隆を引き合わせた際，頼隆は「紺村濃鎧直垂」に小具足を加えた装いだった。

これらはいずれも鎌倉時代初期というべきか，あるいは鎌倉幕府創立期というべき時期だが，のち，13世紀以後は「鎧直垂」の語は武士の軍陣の姿として珍しいものではなくなり文献にもしばしば見かける語となる。こうした実用上の道具などの特色でもあるが，原型となったものの改造や改良がおこなわれるようになる。そして，まず使用実態が先行し，そののちにもととなったものと区別するための呼称が複数あらわれ，そして一個の固有名詞に収斂していく。直垂は平氏政権期に大きく変わるが，その影響は源氏や他の武士たちにも広まっていったのかもしれない。

鎧直垂の素材をみてみても，青地錦（青の織り地に複数の色を織りだした高級な生地）や紺村濃（地色を薄紺色で織りところどころに濃い紺色を，輪郭をぼかしながら布置したもので生地や布地など素材は選ばない）など，高級なものや見栄えの派手なものが多いように思える。

もちろん，実際は地味な布地のものを使う者は多かったろうし，鎧直垂をわざわざ仕立てる経済的な余裕の有無もあっただろう。従来通りの質素な布製の直垂を流用している者もすくなからずいたと考えるべきだろう。

ただ，貴族家や有力な武士に臣従する者のなかには，とくに，京都のような都市部界隈に居住するような武士や類する者たちのなかには，平氏の人々の豪華な直垂姿を模倣する者は絶対存在したと考える。武士の力と存在が成長途上にあった時期ゆえに，自己主張や都好みの武士もいただろうと考えるからである。

また，武士たちにとって，戦陣は一世一代の晴れ舞台でもある。武士が武士として自覚をもって行動し，その職能を発揮するのが戦場であると考えれば，鎧直垂に武装した姿は武士の晴の装いであり，同時に一寸先に何があるかわからない軍陣だからこそ，死に装束でもあった。そんな状況下で経済的な余裕があれば豪華な素材を身にまとうものに使いたいと思うのは現代人のわれわれからしても理解できることだろう。こうしたことを考えあわせて，今一度，前掲の「建久新制」の条文をみると，武士たちが普通の「直垂」と称して「鎧直垂」を着ていたと推測できる。それを朝廷貴族社会側が目くじらを立てて「分をわきまえろ」と咎めているように理解できる。鎧直垂は軍陣でより使いやすく直垂を改良したものといえるだろうが，袖の大きな普通の直垂を駆逐してしまうほど武士の誰もが使ったわけではない。武士の社会進出を考えるうえで非常に興味深い。また，武士の創出する文化を考えるうえでも重要な因子ではないだろうか。

直垂の素材

平氏の人々は，朝廷貴族社会における立場の向上にともない，自らの姿をより高次に進化させた。侍という朝廷貴族社会に属性をもつ武士たちの姿も含めた布製の直垂と，公家新制に取り上げられるような贅沢な絹製の直垂や鎧直垂という，素材の両極化が進行していたのは事実だろう。それは鎌倉時代を通じてのことと考えられる。

絹製の直垂は，朝廷から位階を与えられ，政治権力や経済力などに長じたごく一部の武士たちが使うものであった。また，朝廷から官位をもらっている武士たちもその使用者だった可能性がある。いずれにしろ，権力や経済力をもちあわせている武士たちが，貴族しか身にまとうことができなかった絹製の生地に触れたり，入手したり，身にまとう機会が生じてくるのは当然のことといっていいだろう。平氏政権以来，自らの文化を創造し始めた武士たちのなかに，奢侈を好む者が現れるのは不思議なことではない。『吾妻鏡』や鎌倉時代初期の歌人としても有名な藤原定家の日記『明月記』などには，布製や絹製と思しき直垂が相い混じって散見されるのである。

こうした検出の状況は鎌倉時代を通じてのことで，都や鄙という中央と地方の差や，武士個々人の経済的事情などにもよるのであろう。永原慶二氏は著書『苧麻・絹・木綿の社会史』（吉川弘文館，2004）に，古代から近世にいたる種々の服の素材について社会経済史の立場で傾聴するべき（いや，傾聴しなくてはならない）多数の見解を述べられている（実を言えば，筆者も同書に出会うことがなければ，武士や庶民の服飾についてここまで真剣に考えることはなかった）。以下，本書に関係する部分だけを，周辺のさまざまな情報とともにかいつまんで記しておこう。

布（植物繊維による織物）

前近代の庶民の服飾素材は，麻，葛，枲，苧麻といった植物繊維を織った「布」，布地であった。平安時代末期の袖細や直垂も例外ではない。植物繊維は比較的硬いもので，布地として織り上げるには，実に多くの手間をかけなくてはならなかった。したがって商品として流通させることができるほど生産性はよくなく，庶民や農民が自給自足的に作って着るのが精いっぱいだった。その片鱗は，現在でも山形県米沢市に伝わる青苧を原材料とする米沢織にみることができる。1601年（慶長6），上杉氏は米沢に入部したが，そのとき上杉景勝の家臣であった直江兼続は青苧などの布地などの生産を奨励した。これがのちの米沢藩による青苧の専売制の起源ともなり，同藩の特産物となって，経済面をおおいに支えた。読者のみなさんは，伸縮性に富み，多様な加工の可能な木綿を使えばいいじゃないか，とお考えになるかもしれない。木綿が日本に伝わったのは，中世，応仁年間（1467–69）の頃からであった。戦国期にかけて日本に伝わり，漸次広まったのである。生産者の衣料の原料として自給自足をかなり満たし，さらに余剰を確保でき，伝来当初より，商品経済における流通品として商いの対象となっていった。木綿は古代末期や中世前半期にはまだ存在していなかった。

布地や生地による多種多様な直垂が混在していた平安時代末期から鎌倉時代の直垂の「世界」を考えると，実にゆたかな武士の感覚が想像できる。使い込んだ，古びた直垂でも大切に着続ける武士や，わざと何度も洗って色落ちさせた直垂を好む武士もいただろう。「これはじいさんが着ていた直垂なんだよ」などと会話する武士たちの風景が目に浮かぶ。都に出て生活する武士たちのなかには平氏の人々の，豪華でまばゆくみえる絹製の直垂に，あこがれや都鄙感を覚える者も少なからずいただろうし，それが前述の「建久新制」にいうところの鎧直垂を日常で使う感覚に関係してくるのかもしれない。短期でも在京しその結果として垢抜けした印象を与える武士が，実は絹製の直垂を着ていたからだった，とか，絹製の直垂を着て，颯爽と，「我は武士（もののふ）なるぞ！」といわんばかりに肩で風切るような武士たちもいただろう。よたよたの古びた直垂を着た上京したての武士を，絹製のぴかぴかの直垂を着た武士が小ばかにするような笑みを浮かべて眺めたりする。いろいろな武士たちひとりひとりの感覚があっただろうことを思い，興味が絶えないし，楽しくなる。

絹（蚕の繭からとった繊維による織物）

さて，布地と対照的なのが，絹糸を用いて織った生地であろう。絹生産は，桑栽培から，養蚕，紡織，織物など非常に手がかかり，人手や資本が必要だった。一般的な農民にはおいそれと商品化できるような代物ではなかった。絹は日本に伝来当初，古代の隋や唐，あるいは朝鮮半島の国々から輸入されたもので，当初から権力層の服飾に使われたのが特徴といえるだろう。生産の困難さから，人や資本を集めやすく，生産体制を確立し，運用し，維持できる環境を整備しやすい立場にいた古代国家によって，国衙・郡衙レベルにおいて直接に生産指導がなされた。また，このことが収穫されたものすべてが国家の徴税対象としての性格をもち，余剰は生まれず，そのせいで絹は庶民にいきわたらなかった。さらに徴税対象という側面は中世社会において在地支配層・領主層の徴税対象という形で継受され，商品展開し，資金源となっていった。絹と絹糸による生地とは，真に権力的，権力と一体化した服飾素材であったといっていいだろう。朝廷貴族社会の人々は絹を占有していたと言い換えることができる。

服飾素材のことを考えあわせると，庶民や武士の労働着・作業着であり日常着であった袖細は，植物繊維による布地製であることを余儀なくされた。平氏政権が絹の生地を用いて袖細を直垂に昇華させたが，これも戦争や軍事を職能として政治権力を獲得し，あるいは日宋貿易による富の蓄積や，中国の絹製品の輸入が思いのままであったからこそ可能であった。朝廷貴族社会が「建久新制」において，直垂の素材について目くじらをたてて絹製であることを否定するのも，納得のいくものがあろう。朝廷貴族社会にとってステイタスとして奈良朝より連綿と続いていた絹と生地の占有が，武士たちによって侵害されたことになるからだ。保元・平治の乱や治承合戦を経て，武士に富が流入し，蓄積されていく一方で，政治権力を得ていく。そのかたわらで，かつて朝廷貴族社会に絹や生地をもたらした商人などが，こぞって武士らに売り込んだであろうことも想像に難くない。少しずつ経済的にも消耗し，疲弊化しつつあった朝廷貴族社会相手では，絹や生地をあつかっていた商人も生計をたてることが困難になったであろう。そこで新興勢力として社会的に立場を得つつあった武士らに売り込んでいったことは，非常に合理的な行動であろう。時代を越えて，商人の商魂のたくましさには頭が下がる。

平氏政権の生み出した絹製の直垂は，すぐさま日本中の武士の間に普遍化することはなかったようだ。鎧直垂というワンクッションをおいて武士が使い始めたのは非常に面白いと思うが，絹製の直垂を気軽に着られるようになるのにはまだまだ時間が必要だったようだ。絹製の直垂が武士たちの間に広まっていくのは14・15世紀のことである。鎌倉時代が終わり，建武政権期をはさみ足利将軍による室町幕府がようやく南北に分かれていた朝廷を一つにまとめた時期であろうか。しかしこれも，現在でいえば都市部のごく限られた武士たちのみの話で，多くの武士たちは布製の大きな袖の直垂を着る程度だったであろう。また，絹といっても平氏の人々が着ていたような，貴族社会の服飾文化に分類される，地紋に文様や形象を織りだした手間のかかる色合いや織りのものばかりではなく，ほとんどはいわゆる平織りの平絹(へいけん)であっただろう。絹といって思い浮かべる，鮮やかな彩のものや綾織りのものは，やはり高級品であって，簡単に入手できるものではなかった。

第2章　絵巻物に描かれた鎌倉武士たち

衣服の材質などについては文献史料の検討によって見えてくることもあるが，形状や着方などについてはよくわからない。ここでは鎌倉時代の具体的な直垂の使用実態を見てみようと思う。少し文章ばかりが続いたこともあり，本章では，鎌倉時代の直垂について絵巻物を見ながら考えてみたい。

『蒙古襲来絵巻』

鎌倉時代になり，具体的な時期としては，13世紀の後半になると直垂の使い方に特徴的な様相が見えてくる。まず見てみたいのは作期がかなりはっきりわかっている『蒙古襲来絵巻(もうこしゅうらいえまき)』だ。別名を『竹崎季長絵巻(たけざきすえながえまき)』ともいう。中学・高等学校の教科書にもよく用いられることでご存知の方も多いだろう。画面の左側に短弓を構えるモンゴルの兵士たち，同右側には手負いの黒馬を御す萌黄(もえぎ)色威(いろおどし)の大鎧(おおよろい)を着た竹崎季長が描かれている図様といえばわかりやすいかもしれない。

13世紀の作で，現状では紙本着色，上下2巻の体裁となっているが欠落や漏失部分が多い可能性があることは以前から指摘されている。上巻は文永の役（1274年（文永11））における戦闘の記録と，従軍に対する恩賞を申請するための関東下向の顚末を絵画化する。下巻は弘安の役（1281年（弘安4））の戦闘記録と関連文書2通を附す。この文書2通に「永仁元年（1293）9月2日」と年紀があるものの，この年は8月5日に正応6年から永仁に改元されることから真偽が疑問視されている。とはいっても，制作年代については諸説あるものの，先行研究を総合すると13世紀の末であることはほぼ疑いない（ただ，風俗描写においてはもう少し幅をもたせて，いくぶん降る作期を想定することも可能であろうとは思う）。この作品は，内容や制作年代に関して具体的な人名や事象がはっきりわかるので描写の信ぴょう性が高い。筆者が一番重要視しているのは，この作品に見てとれる直垂使用の実態と，その使用されている空間，居合わせる人々が明白なことである。本絵巻は，題材が文永・弘安の役という具体的なできごとをあつかい，さらに従軍した竹崎季長の恩賞を具体的に示すために制作されたといわれている。描かれた，おもに甲冑の時代性の描写はかなり精緻であり，鎌倉時代末期の武具甲冑の様相をよく伝えていると考えられている。こうしたことを考えあわせれば，本絵巻の作期はこのできごとの後，さほど時間が経過してはいないとみられる。武具甲冑の描写以外のものもこうした時代性が普遍できると筆者は考えている。

この絵巻物の上巻で，主人公・竹崎季長は大きな袖の，糊目の効いた，完成した直垂を着て描かれる。

図 20 の場所は，恩賞を具申するために鎌倉に下向した季長らが訪ねた秋田城介安達泰盛(あだちやすもり)の舘の殿舎内である。板敷の人の座る部分だけに高麗縁(こうらいべり)の畳を敷きまわした室礼(しつらい)で，割と味気ない印象だ。この場所で折烏帽子(おりえぼし)に直垂を着て向かい合う人物がいる。畳の上に着座(ちゃくざ)する人物の上方には「秋田城介泰盛」とある。そこから 1〜1.5 メートル位の距離があるのだろうか，向かいには季長が畳のわきの板敷に直接座り，折烏帽子に直垂を着ている。わきには「肥後(ひご)国竹崎五郎兵衛尉季長」と記されている。この部屋は，おそらく四辺に沿って畳が敷かれているようで，季長のさらに後方には，泰盛と向かい合う位置に折烏帽子に直垂の 3 人の武士が座っている。3 人とも泰盛と季長のやり取りを見守っている。つまり，ここは泰盛邸においては外部の者と泰盛が対面する場所，すなわち貴族の寝殿造でいうところの正殿ということになる。幕府方の人間である泰盛が畳の上に座っているのに対して，季長は畳の上には座らず床の上に直接座っている。両者の立場の差が明確にみてとれる。季長の後方の 3 人は泰盛の近習であろうか，この正殿内の武士はすべて腰刀(こしがたな)のみで太刀は携帯していない。各人の太刀は画面には描かれていないがそれぞれの従者に持たせている，ということになろう。この空間が当時の武士の儀礼の上では非常に公性の高い儀礼空間であったことがうかがわれる。

図 20 の場面の直前になるが，泰盛邸の，現在で言えば玄関口で取次ぎを請うているように見える描写がある（図 21）。この場面は泰盛以下と季長がいる正殿の前殿(ぜんでん)のような場所で，殿上(てんじょう)の母屋の端におかれた畳の上には大きな袖の完成された直垂姿の武士が座っていて縁の外側に顔を向けている。この人物のわきには「あしなのはんくわん」と記入されている。蘆名氏(あしなし)の誰かだろうか。

図 20 『蒙古襲来絵巻』(宮内庁三の丸尚蔵館所蔵) に描かれた安達泰盛と対面する竹崎季長

図 21 『蒙古襲来絵巻』（宮内庁三の丸尚蔵館所蔵）に描かれた直垂姿と袖細姿

直線を主体とする描線で，仕立ての良い，糊をひいてあるような直垂の描写で，前掲の泰盛や季長らと同じような描き方だ。この人物と視線を交わし会話している，縁のわきの地面に中腰でたつ武士がいる。この武士は袖細を着ている。よく観察すると袖がやや緩やかな弧線で描かれており，平安時代末期の袖細よりも，やや小袖に近い印象を得る。この武士は火打袋を付した腰刀をさすのみだが，だれか泰盛を訪ねてきた武士の所従や下人であろうか。本絵巻には直垂とともに袖細姿の武士が何人も描かれている。

ここから何を読み取るべきだろうか。『蒙古襲来絵巻』に描かれた鎌倉の安達泰盛邸における武士たちの姿は，同じ武士の中にも上下の関係性がしっかりと存在し，それを目に見えるかたちで示す慣習が根付いていたことを物語っている。幕府の要職にある者，武家の棟梁やその近臣，縁者などは建物の縁の上で直垂を着る上位の武士がいた。これに対して，建物には入らない家人や所従といった幕府の御家人や主人に臣従する下人・所従や郎党など，袖細を着る下位の武士たちがいた。家人，所従らにとって，主人の外出時の供奉をするということは，公的な彼らの務め（仕事）の場であるので，この袖細姿は彼らの公服ということになる。おそらく家人や所従以下の下人たちも袖細であったろうが，基本的には柄物や色物ではないとか，大分着古したようなものを着ていたと考えていいだろう。しかし季長などのような御家人の従者ともなれば，主人の外出時の，しかも，鎌倉幕府要人の舘に正式に訪問するという公的な場にあっては，主人に恥をかかさぬよう，通常よりは上等の袖細を着るような感覚はあったのだろう。ここに鎌倉時代の武家社会における，上位者は直垂，下位者は袖細，というヒエラルキーがある。服による着用者の立場の視覚指標化，すなわち，儀礼観の創出，と言い換えてもいい。武士は，鎌倉時代，武士という身分のなかでの階層分化とその視覚的表示を独自の儀礼観にそっておこなっていたことがわかる。袖細が直垂へと変化して約100年後，武家社会の成長と進化の過程において，この2種類の服と服装は意外な使われ方をしていたものだと思う。

『一遍上人絵伝』

国宝『一遍上人絵伝（いっぺんしょうにんえでん）』（『一遍聖絵（ひじりえ）』とも，清浄光寺・東京国立博物館所蔵）全12巻などにも『蒙古襲来絵巻』と同じように，直垂と袖細を上級武士と下級武士にそれぞれまとわせている。武士の服装という限定的な視点で考えたとき，共通の世界観をもっているといっていい。

本絵巻は，時宗（じしゅう）の開祖である一遍上人の一生を描いた高僧伝で，奥書によれば1299年（正安元）に一遍の弟子・聖戒（しょうかい）が詞書を，法眼で画僧・円伊（えんい）が絵を描いたとある。この作品の人物やしぐさ，服装などの表現はかなりしっかりしている。緻密とまではいわないが，作画の担当者は描くものについて一定の知識を有したうえで描いており，また，描く対象をよく観察している。一見，荒目な筆つかいや描線に見えても，描く対象の本質をよく見ているので誤りがないし，中世社会を生きたことがない我々現代人でも，何が描かれているのかがわかるのである。だから，この制作者は，描く対象の構造や組成，材質を知って描いていると思う。こうした所以から，美術史ばかりでなく歴史学や建築史などから大変に多くの研究成果が蓄積されている。12巻という大部の作品だから，取り上げるべきこと，目につくことも果てしない。おそらく，筆者も含めて，興味を抱いている人の数だけ多様な注目点があるのだろう。

直垂に関してもいくつか興味深い事象が描かれるのだが，まず本章で述べている，直垂と袖細の使い分けが武家社会の序列を示している点だ。

巻4（図22）には有名な備前福岡の市が描かれている。一遍と，一遍を脅す武士たち3人の姿は教科書などを通じてかなり有名だろう。この武士たちも直垂と袖細で描かれる。この場面だけでなく，全12巻，目を凝らしてみていると面白いこともわかってくる。この場面で描かれている直垂は使い方が興味深い。左の太刀を抜こうとしている人物は折烏帽子に完成された大きな袖の直垂を上着としつつ，袖細を下着もしくは間着（あいぎ）として着る。中央の胴丸（どうまる）か腹巻（はらまき）をつけて武装した人物は左の人物と同じ直垂と袖細の組み合わせ。右は袖細のみを着ている。不揃いなのだがこれがこの当時の直垂の使われ方を伝えている。直垂と袖細の使い方の詳細は『男衾三郎絵詞（おぶすまさぶろうえことば）』のところで述べたい。

次に，この絵巻物にはじつにさまざまな文様や色の直垂が描かれている。直垂という服と服装を武士たちがいかに楽しんでいたかが垣間見える。元来，当時の武家社会の服装は朝廷貴族社会の服装のように位階制度などや，公卿・殿上人などの細かな制約のないものであった。したがって，ある種のファッショ

図 22 『一遍上人絵伝』巻 4（清浄光寺所蔵） 備前福岡の市の武士たち

ン性というと大げさかもしれないが，直垂を着ている武士の趣味やセンスが見える例をあげてみよう。

まず，巻6（図23）には，1282年（弘安5）三島大社に立ち寄った一遍らを拝せんと集う人々のうち，鳥居と楼門の間で談笑する武士の一団が描かれている。この集団はなかなかに人目を引く直垂姿だ。三島大社への参道から境内にかけて行きかう参詣客であふれるなか，鳥居と楼門の間で話す2人の武士がいて，これを中心に家人たちが描かれる。

右側に座る3人の武士は中央に立っている右側の家人たち・所従なのだろうか，中央の人物は折烏帽子に，白地に藍色の鱗文様の直垂，騎射用の物射沓をはいている。腰刀だけをさすこの人物の右側に座る3人は，個々に折烏帽子で緑地に青で総模様風，黄土地に茶褐色の同じく総模様，紺地に白で何か，草木のような文様の入った直垂を着ている。平均的な直垂姿という印象だ。中央左の人物は折烏帽子に青地の直垂で物射沓をはいている。左側に座る2人のうち，右の折烏帽子の人物は，なんと，左右の身頃の色や文様を変える片身替りの直垂を着ている。白地に青の雲形と，白地に剥落というか褪色がひどく色の特定はできないが緑色っぽい素材を使っている。めったに見ないタイプの直垂だが，

図23『一遍上人絵伝』巻6　三島大社参詣の武士

よく見ると，この場面に居合わせる直垂姿の人物のなかでは若い，まだ少年の面影を残しているように見える。元服して大人の身なりになったばかりの少年，といったほうがわかりやすいかもしれない。その左側の人物は白地に紺の村濃の直垂で，冠帽具をかぶらない「露頂」で髪は後頭部で元結をいれた少年で，右側の片身替りの直垂の少年とともに，中央の立ち姿の2人の武士の子息たちなのかもしれない。何気ない主人や父親のおしゃべりにつき合わせられる子供や所従といった絵なのだが，笑い声が聞こえてきそうだ。両名は，どうもある距離を騎馬で来たようだ。彼らの直垂姿は，普段の日常的な姿というよりも，やはり街着・外出着として着飾っているように見える。所従の連中とは一線を画す直垂姿に見えてならない。特に中央の立ち話をする右側の人物や，この集団の左側に座る少年2人は，どうも仕立ての良い，白を基調とした非常に目立つ直垂を着ている。はっきり言うと，大きな文様を用いたり色使いを凝ったりしていて，非常に派手さをおぼえる。単純に身体を覆う，というだけでなく，着る以上は朝廷貴族社会に属さない者としても分限を守る，という考え方はあまり見えない。朝廷貴族社会や，あるいは庶民ともことなる，存在の誇示，自己主張をしているように見える。同じような描写は本絵巻の他の巻にも出てくる。

1284年（弘安7）の京都・四条京極にあった釈迦堂で，一遍上人らは踊念仏をおこなった。巻7（図24）には，その釈迦堂に赴こうとしているところだろうか，馬上に剃髪した人物を擁する一団が描かれている。

この一団は先頭に弓箭をもち，折烏帽子に鎧直垂，その上に胴丸あるいは腹巻を着た武装する2人がいる。そのあとに折烏帽子・直垂3人，冠帽具をかぶらない露頂に直垂が1人，その後ろにこの一団の主人と思しき剃髪し，白い直垂様の服を着た騎乗の人物が続く。さらに折烏帽子に直垂姿の2騎が続く。周囲を4人の折烏帽子直垂姿の所従が追随する。彼らは脚半を脛に巻き草鞋を履いているものもおらず，旅装を思わせるものは身に着けていない。荷物をもつ下人や荷馬もおらず，おそらくは，都のなかか，あるいはその近郊からの者たちではないだろうか。

この行列の直垂姿は，材質こそわからないが，白，茶褐色，青みがかかった薄い緑地に草花文，茜色地にごく薄い褐色の丸文，縹地に青の横縞，緑地に

図24 『一遍上人絵伝』巻7　四条京極，釈迦堂付近の都の武士たち

薄い黄土の鱗文，青みがかかった薄い緑地に千鳥文，薄い褐色地に茜色の細い横縞，縹地，白地に竹葉文に染め分け袴など，とてもカラフルだ。前掲の三島大社の門前の武士たちのうちの主人たち並みの直垂を，こちらの一団では全員が着ている。色づかいや文様などの使い方には，都の武士と，地方の武士の服装感覚の違いが見えてくる。

やはり，都は，物と人と情報が集中交叉する場所であり，そこに暮らす人々は地方と異なるのであろう。供をする武士たちの趣味なのか，主人の見栄で支給されたのかはわからない。いずれにしろ，他者との比較や競合からセンスはみがかれるのであろうが，そんな状況がやはり都にはあったのかもしれない。

これらを見ていると，直垂という服が平安時代末期から鎌倉時代へと，12

世紀末から13世紀末までの期間に大きく様変わりした感が強い。下着や労働着からステップアップして，街着・洒落着という機能も足されたということだろう。要は，武士が直垂を洒落着や街着として直垂と向かい合ったということが重要だろう。一部の武士でしかないことなのかもしれないが，それでも，自分の服を着る姿が人にどう見えるか？　とか，自分はこういう着方が好き，といったことを考える機会となる場があり，一方でそれを実際に試してみる生活の余裕，経済的な余裕があったからこそなのであろう。

都風の直垂や，そのありようは，どうやって地方の武士たちに伝えられたのだろうか。すぐに思いつくのは，鎌倉幕府が御家人に課した京都大番役だろう。御家人は一国単位で守護の統括の下，この課役に従事し，3ヵ月ないし6ヵ月単位で，朝廷の内裏や院の仙洞御所の門衛にあたった。地方武士たちが京都大番役に従事するために都へ出向き，そこで都の風俗に触れることになるわけだ。その際，今見た『一遍上人絵伝』に描かれたような都住まい，あるいは近郊の武士たちの最新の装いや出で立ちを目の当たりにする。もしかすると地方武士たちにとって都の武士たちは，とても垢抜けた，今風にいえば「スタイリッシュ」な存在に映っただろう。そして，同じような直垂を入手し在地へ持って帰る，といったことが起きていたのであろうと思う。

幕府のある鎌倉も同様で，鎌倉大番役があった。こちらはおもに将軍御所の警備であったが，やはり上級武士らの姿を目前にみる場でもあった。当然，人が集まるところゆえ，商いにかかわる人々も多く流れ込んだであろうし，商品などの物品も同じく集積されたことであろう。地方武士から見たら「スタイリッシュ」に見える直垂などの服も売られていたであろうことは想像に難くない。

また，鎌倉以外にも商人が直接地方の武士に売り込み，あるいは市のような場にもたらされ，少しずつ地方へと普及していった可能性もある。絵画史料をながめていると，当時の人々の間には，商いや商人を描く例がかなりあることに気付く。『一遍上人絵伝』などは好例で，非常に多くの商いの風景が図像化されている。直垂，というか，衣料ということでは，前掲の巻4所収の備前福岡の市に注目したい（図25）。そこには一遍上人と地方武士の諍いのシーンの背景として布地や生地をあつかう商人の姿が描かれている。米俵が山積みになったわきで，小屋掛けをし，奥に商人が座り，銭を数えたり談笑したり，客の

図 25 『一遍上人絵伝』巻 4　備前福岡の市の反物屋

対応に追われている。

店主なのかどうかはわからないが，右端に座り，顔の左右に髱（たぼ）を垂らした髪型で，黄口の朱色の地色に黄土で文様を織りだした垂領（たりくび）の服を着ている女性がいる。連なった銭を数えているようだ。当時の庶民女性の風俗としては，やや違和感をおぼえるもので，宋人なのかと言いたくなる。しかし，宋の風俗をした日本人ともいえるので何とも判断に窮する。この女性の背景には白地に藍色の染文様の反物，青系，グレー系などの反物が壁に掛けられている。また商人たちの前にも袖の高い四角い盆や折敷（おしき）のようなものが置かれ，反物が置かれている。よくみると赤や黒などの帯もある。まだ染めていない反物も並べられている。なかなかに豊富な品ぞろえに見えるが，高価な絹製品や生地をあつかっているようには見えない。店頭右端に座って品を手に取ってみている旅装の被衣（かずき）姿の女性や，店頭左側で市女笠（いちめがさ）の女性に黄褐色の反物を広げて見せられている，折烏帽子に袖細を腰で端折っている妙に色黒の男性も裕福には見えない。特に後者の男性は糸に通した銭を持っているが，一貫文には及ばないようだ。ありったけの財産を持ってきたようにも見える。鎌倉時代後期なら宋銭が大量に流入・流通していた時期でもあり，市場のような場所で物々交換し，布地・生地や服そのものが流通していたことを物語っている。武士たちは，購入意欲にそって，こうした場所でいくらでも直垂やその素材を入手できたのであろう。さらに，行商人もいる。

絵巻物は語る

東京国立博物館所蔵『東北院職人歌合』五番本には，「賈人」という職の人が描かれる（図26。以下，『東北院』と略称する）。「賈人」とは，商人やあきんどの意味だ。油単と呼ばれる防水用の覆いをかけた大きな荷物（笈か？）を背負い腰かけるポーズだが，足元を見ると脛に脚半（脛巾）をつけ草鞋をはいている。つまり長い道のりを徒歩で歩くことを示しており，左手には杖をもっているようだ。要するに行商人の姿で，こうした人々が地方の武士たちにも直垂やその素材を売り歩いたのだろう。

『東北院』は，歌合絵と呼ばれるものに分類される。和歌とその詠み手が一組となり，左右対となりその優劣を競う，という趣旨の絵画である。詞書の序によれば，「建保2年（1214）9月13日，東北院の念仏会に集った「道々の者」が，貴族にならって歌合を催したとする設定が記されている。もと京都の曼殊院に所蔵されたこの絵は花園天皇（1297–1348）の収蔵を経たと推測されており，成立は作風から14世紀前半といわれている。『東北院』には「みちみちのものども（道々の者ども）」と呼ぶ，現在で言えば職人たちの図像を描いている。そのなかに賈人の姿がある。人々が往来で目にすることの多いごくありふれた「あきんど」の姿だったのだろう。

本章では，非常に有名な『蒙古襲来絵巻』『一遍上人絵伝』の2作品を素材として，鎌倉時代の直垂と武士を見渡した。

絵画史料の代表ともいえる絵巻物は，誰が発注したかといえば，多くが朝廷貴族社会の人々であっただろう。少なく見積もっても朝廷貴族社会に何らかの関連があり成立したとみていいだろう。鑑賞者も然りである。市井のことなど気にもかけない，極論すれば，自らが生きている世界は「都」（＝平安京），というような人々が，絵巻物を通じて地方の市や「みちみちのもの」などに興味

図26 『東北院職人歌合』(五番本) 賈人(こじん)

や関心を持ち始めたのが鎌倉時代といわれる。

しかし振り返ってみると,12世紀後半,すなわち平安時代から鎌倉時代への過渡期に作成された大阪の四天王寺所蔵『扇面法華経冊子』(『扇面古写経下絵』とも)には,貴族社会の人々の生活から,市と限定はできないが都の雑踏や商い,庶民の生活や子供たちなど,実に多様な画容が描かれる。この作品も貴族社会の誰かの発注と鑑賞が想定されるが,要は社会構造を変えつつあったさまざまな産業や,当事者である人々に対して,世間とは遠いところにいた朝廷貴族社会の人々でさえ興味を抱く時代になっていたということだ。

『一遍上人絵伝』の備前福岡の市や『東北院』の賈人など,商品経済,流通経済,そして貨幣流通など,社会構造が根底から変化した中世の胎動期でもあったが,こうした時代背景が新興の支配者となりつつあった武士の服装という小さな事象の裏側に垣間見える。武士の服や関連する習慣的な使用基準,すなわち,まだきわめて未成熟な使用上のしきたりが,鎌倉時代を通じてゆっくりと醸成されていったということが,今まで紹介した史料中にも読み取れる。直垂を基盤に置く衣服による儀礼観の視覚化が,実生活に即して積み上げられていた時期が鎌倉時代なのだろう。

第3章　身分指標としての直垂

『男衾三郎絵詞』の武士描写（1）

もう一点見ておきたい絵巻物がある。鎌倉時代末期の13世紀後半から14世紀前半に作られたと考えられる『男衾三郎絵詞』（重要文化財，東京国立博物館所蔵）だ。紙本着色で全1巻の現状だが，錯簡や脱漏もあるとみられ，そのすべてが現代に伝わってはいないと考えられている。国立博物館のWEBサイトからアクセスできる国宝や重要文化財の精細画像が閲覧できる「e國寶（国宝）」サイト所載の同絵巻の解説を下記に引用しよう。非常にわかりやすい。

> 都ぶりの優雅な生活を送る吉見二郎と，武芸一途の男衾三郎という武家の兄弟の物語。二郎は大番役のため上洛した帰路に山賊に襲われ，三郎に妻子のことを託して死ぬ。しかし三郎は二郎の妻子を虐げ，国司が二郎の娘を見初めたので引き離し，かわりに自分の娘を引き合わせるが，国司がその醜さにあきれる，というところで終っているが，現状には途中一部に欠落もあり，さらなる物語の展開があったことも想像される。武家の暮らしや合戦の様子などを描いている絵巻として著名である。絵は永仁3年（1295）ころに制作されたと考えられる「伊勢新名所絵歌合」（重要文化財，神宮徴古館所蔵）と強い共通性があり，また画風に京都の正統的やまと絵とは異なるものがあること，『吾妻鏡』文治3年（1187）10月13日条などに伊勢の「吉見次郎頼綱」という人物が見え，説話の吉見二郎はこの人物から来ている可能性があるとする説があること，などからこの絵巻は伊勢地方におけるいずれかの貴顕の注文によって描かれたのではないかと想像する見解も出されている。

この作品における直垂は二種類描かれている。一種類は完成された直垂，もう一種類は袖細で，図27をご覧いただきたい。

主人公・男衾三郎の舘の庭で弓に弦をかけようとしている人物は折烏帽子に袖細を着ている。よほどに強い弓なのだろうか，三人がかりで，中央の男の弓

図 27 『男衾三郎絵詞』に描かれた直垂姿

をもつ腕の描かれ方にも明らかだ。手前の男も片肌を脱いでいるが左手には袖がみえる。この三人に建物の縁から指差して指図する男，その脇に座る男は袖口の広い直垂を着ている。読者の方々はすでにお気づきであろうが，前掲の『蒙古襲来絵巻』『一遍上人絵伝』と同じ，直垂と袖細の関係に基づく服装観がここにも読み取ることができる。絵画表現上も，描く武士の服装について，制作者（絵師）のものさしは『蒙古襲来絵巻』『一遍上人絵伝』と同じであったということになる。よって『男衾三郎絵詞』も同じものさしを前提に，その服装を眺めることができる。では，この男衾三郎とその周囲の人々の人柄や身分観をものさしとして頭の端におき，主人公たちの生活空間を見てみよう。

本絵巻は鎌倉時代の後半の頃の武士の生活や戦争の様子を描いている。筆者が一番注目するのは，二人の主人公，吉見二郎と男衾三郎両名のキャラクターとその作画である。そして，決して主人公とは言えないが登場人物の一人である国司の姿も見逃せない。詞書を引用しつつ図像の該当部分を読み解いていこうと思う。まずは，本絵巻の題目にもなっている男衾三郎について見ていこう。

a）吉見二郎の生活空間

まず，『男衾三郎絵詞』に描かれた武士たちの姿を読み解いてみようと思う。

詞書には「昔東海道のすゑに，武蔵の大介」という者がおり，吉見二郎と男衾三郎という息子がいた。兄の二郎は

> 吉見の二郎は，色をこのみたる男にて，みやづかへしける或る上臈女房を迎て，たぐひなくかしづきたてまつり，田舎の習ニはひきかへて，いゑゐ・すまひよりはじめて，侍・女房にいたるまで，こと・びはをひき，月花に心をすまして，あかしくらし

という都風の指向で，ライフスタイルも都の貴族に深い憧憬を寄せる者らしいものだった。絵のほうを見ると，たしかにそれらしい（図28）。

建物は都の貴族の寝殿造り風で，靏の長押には連子と御簾を設け，板敷の床に畳を布置する。画面中央には吉見二郎と「みやづかへしける或る上臈女房」であった妻が向かい合って座り談笑する。奥には娘が腹這いになって笑顔で絵巻物を繰っている。召使の女性たちも貴族家の女房のような袿袴姿で，とうてい地方の武士の生活には見えない。二郎の右方には，袋に入った琵琶とむき出しの和琴が立てかけられている。これだけ見れば，たしかに都の貴族の生活のようだ。奥の部屋では，桜の文様を散りばめた袿袴姿の二郎の娘が腹這いになって絵巻物をひろげて見ている。何か，とても楽しそうな表情に見える。向かいに座る召使の女性たちも都の貴族の家顔負けの袿袴姿で，絵巻を繰る二郎の娘を見守っている。談笑が聞こえてくるような，ほほえましいシーンだ。

視線をさらに右に移すと二郎の後方に障子を隔てた部屋が見えてくる。納戸（物置）のような部屋だろうか。大きな唐櫃が三つあり，周囲に冑や鎧，矢をいれる箙などの武具が雑然と置いてある。さらによく見ると，紺糸威の鎧の上に置いてあるのは大きな厳星を打った赤糸威の錣の冑であり，脇には萌木の威で肩に杏葉を付した胴丸や腹巻のような鎧が積んである。紺糸威の鎧にはそろいの威色の錣の冑がそろって置かれていなければ，いざというときに混乱するだろうと思う。これは武具甲冑類が収納されている，置かれているというよりは雑然と放り込まれている印象を，絵巻を見る者に与えている。絵師は何を伝えたいのだろうか。

b）男衾三郎の生活空間

続いて，三郎の生活をのぞいてみよう。詞書には次のようにある。

> をぶすまの三郎，あにゝは一様かはりたり。「弓矢とる物の家よく作ては，

図28　都風の生活をおくる吉見二郎の舘のようす　『男衾三郎絵詞』

なにかはせん。庭草ひくな，俄事のあらん時，乗飼にせんずるぞ。馬庭のすゑになまくびたやすな，切懸よ。此門外とをらん乞食・修行者めらは，やうある物ぞ，ひきめかぶらにて，かけたてかけたておもの射にせよ。若者共，政ずみ，武勇の家にむまれたれば，其道をたしなむべし。月花に心をすまして，哥をよみ，管絃を習ては，何のせんかあらん。軍の陣に向て，箏をひき，笛をふくべきか。この家の中にあらんものどもは，女・めらべにいたるまで，ならふべくは，このみたしなめ，荒馬したがへ，馳引して，大矢・つよ弓このむべし。

兄・二郎と対照的で，武士としての職能・分限をよくわきまえているようで，典型的な，あるいは徹底した武士らしい生活信条をつらぬき，ライフスタイルはその体現だったようだ。二郎の舘とおなじようにながめてみよう（図29）。

画面右半分は母屋の面（おもて）で，左半分は同じ母屋の内ながら裏（うら）ということになる。表には畳を敷いた上に三郎が左膝をたてて胡坐（あぐら）気味に座っている。身体をよじるように後ろの夫人となにか語らっている。三郎自身は蟇目（ひきめ）の矢筋を見ているのだろうか，足元には別の蟇目が置いてある。三郎の向かいの板敷には侍烏帽子（さむらいえぼし）をかぶった郎党がいて蟇目の矢を，矢羽（やばね）を上にして二筋ほどささげもっている。三郎はひしゃげたような立烏帽子（たてえぼし）をかぶっているが，烏帽子の違いで主従の違いと関係性を示している。ところで，よく見ると三郎の寄りかかっているようにも見える建具（たてぐ）の反対側には金造の豪華な太刀が柄を下にして立てかけてある。画面左は家族の空間なのだろうが，何かの事態に際して家族を守らん

図29　武士の生活そのものらしい男衾三郎の舘内部『男衾三郎絵詞』

とする意志の表れかもしれないし，夜討ちの際にすぐ対応できるよう，との意図かもしれない。この場面で前掲の二郎と対照的に描かれているのは，三郎の左後方には弓が二張，箙が二つ，そして胴丸か腹巻のような甲冑が二領，きちんと置いてあることだ。深い緑がかった紺糸威のものが左側やや奥に，右には肩白かとみられる赤糸威だが，要は雑然と積まれているのではなく，ある目的を想定してそこに「置いてある」印象だ。火急の事態を想定しているのだろう。そして，こうした武具甲冑以外，この場面には描かれていない。

なお画面左側の家族の生活空間である室内は，おそらく四方に障子を設置している。武士の住宅を考えるうえで興味深い。室内には三郎の妻，娘，召使の女性が描かれているが非常に手が込んでいる「説明的な」シーンでもある。右端で三郎と話しているのは三郎の妻であろう。三郎は「兵のみめよき妻もちたるは，命もろき相ぞ」と考えていたと詞書にはある。験をかついでいるのだろう。その結果，久目田の四郎なる人物の娘を嫁としたという。ひどく個性的な描かれ方だ。その左側に目を移すと，三郎の娘の化粧の場面となる。おそらく，現在知りうる限り，絵画史料に描かれた日本では最古の化粧の場面かもしれない。引目鉤鼻の召使の女性が三郎の娘をはさむように前後に座る。右の女性は三郎の娘のかなりのくせ毛を櫛(くし)で梳(す)いている。もう一人の召使の女性は膝元に紙をひろげ，よくみると紙の上には三郎の娘の髪が折れておちている。この召使の女性は折れたくせっ毛で目が詰まってしまってうまく梳けなくなった櫛を，

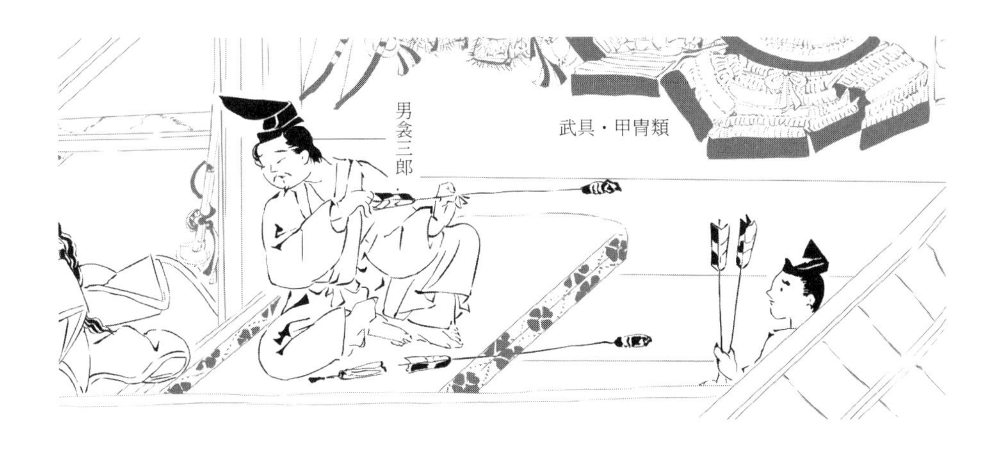

髪払いをつかって掃除している。これまた，三郎の妻と同様，ずいぶんな描き方だ。ただ，いずれにしろ，三郎が娘を大切に育てていたことはよくわかる描写だろう。

c）国司の生活空間

三人目の主人公？である国司の邸宅はどうだろう。図30の国司の家は，地方の国司邸であろうから，都の寝殿造の邸宅に比べれば多少規模が手狭な印象だが，壁代（かべしろ）に帽筋（のすじ）を垂らしたり，屏風を置き，召使との間の間仕切りとしたり，『源氏物語絵巻（げんじものがたりえまき）』や『葉月物語絵巻（はつきものがたりえまき）』などを見ているような調度（ちょうど）が配置されている。二郎の母屋と似ているが調度類の種類や置き方には差があり，国司の方がやはり貴族らしい室礼となっている。また，二郎のように楽器を室内に置くなどはしないので，やや殺風景な印象もあるが，こちらのほうが洗練されているように思う。本当の都の貴族と，都の貴族に憧れる武士の差なのだろうか。

『男衾三郎絵詞』の武士描写（2）

二郎・三郎の生活空間の描き方は，両名の志向，すなわちライフスタイルや生きざまの違いなのだが，実に上手な描き分けの演出であり，画面表現だと思う。この画面表現だけでも作者はたいした画力のある画家だと思うのだが，本書の趣旨に合わせていうなら，二郎・三郎・そして国司の服装と顔などの表現は絶妙と言っていいのではないだろうか。まず人物ごとの描き分け（人物表現）

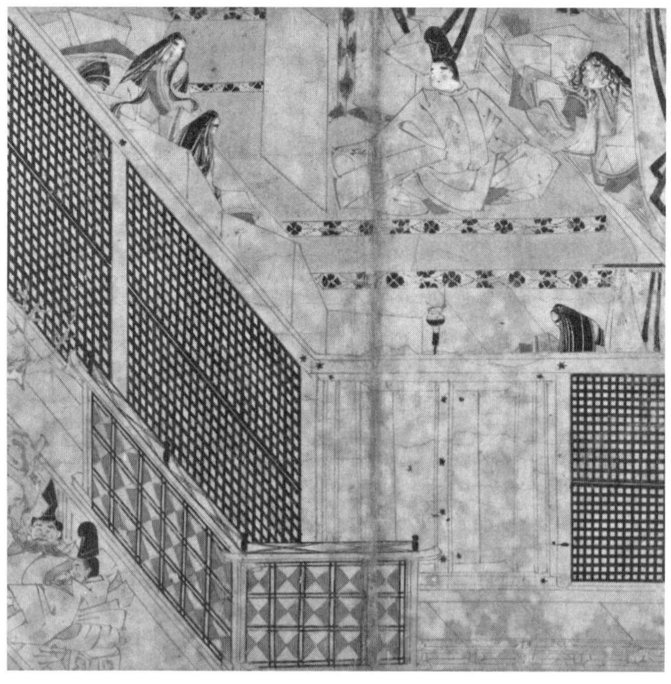

図30　国司の家の内部　『男衾三郎絵詞』 東京国立博物館所蔵，ColBaseより

を見てみたい。

a）吉見二郎の人物表現

なにやら都の貴族めいた暮らしぶりの二郎は立烏帽子を被っている（図31）。一見したところ，ひしゃげてもいないし，折れ曲がってもいないが，後述の国司と比べると実はややもっさりとした立烏帽子となっている。顔の部分をみると頬にすこし褐色が塗ってあり，おそらくは日焼けの表現だろう。目鼻はわりと小ぶりで貴族のような雰囲気を醸し出すが，真っ白に塗っているので，貴族男性のように化粧をしていたのかもしれない。髪型としては，画面手前側ではない向こう側（像主から見て右側）の髪の描き方に注目してほしい。櫛でなでつけたようにすっきりとしてはいない。すこしぼさぼさしたような妙な描き方なのである。

服は直垂の，おそらくは上着と袴は共裂（ともぎれ）のものだ。絹製かどうかはわからないが，織り目がきれいに入り，胸紐なども入り，袖も大きな完成された仕立てに見える。袴も同様で仕立ての良い直垂の上下だと思う。実におしゃれな直垂

図31　吉見二郎

姿と言えよう。しかし，直垂の袖口を見てほしい。よく見ると，直垂よりも明らかに細い袖細の袖口をのぞかせている。13世紀後半という作期を考えると，地方武士の姿としてはきわめて妥当な表現と言えるだろう。時代性をよく示している。

b）男衾三郎の人物表現

次に三郎を見てみよう（図32）。三郎ははっきりとひしゃげた立烏帽子をかぶる。風折というよりもさらにみっともなくひしゃげた表現で，二郎と比べるとその差は一目瞭然だ。顔の表現も，眉は不揃いで手入れをしているようには思えない。顔も褐色でよく陽に焼けている。日頃から武術や馬術の練習にいそしむ姿を暗示する。二郎とおなじく顔の右側の髪の表現は同じでどこか不揃いでもさもさしているように描かれる。

服に目をやると，白地に緑青色の村濃の袖細をきている。織り目や衣文の線のようなものはなく，着慣らしたような感じであったようだ。しかも袖細でありながらも装飾の全くなさそうなものでもあり，上着ではなく間着や肌着のような着方だ。袴は黄土の無地で，上の袖細とともに絹製などではない布製であることを表現している。さらに裾は裾口を絞る緒は入れていないようで貴族の大口袴のようである。その下には上半身に見える袖細の裾が見えていて，この

図32　男衾三郎

着方は当時の常識からみて，多分に大雑把でラフな着こなしのイメージである。外見や服装に留意などしない，いかにも武士らしい姿といえるだろう。

二郎と比べてずいぶんと違うもので，同じような直垂姿であっても，いろいろあるものだなと感心してしまう。この差異には，両名の武士としての立ち位置の相違が込められているだろう。都に憧れる当時としては最先端の瀟洒な直垂姿の二郎と，質実剛健を絵に描いたような典型的な武士である三郎。ふたりのライフスタイルを見事に描き分けている。三郎の袖細姿は，前に見た三郎の郎党たちと同じ姿だが，第三者の視点で見たとき，郎党と同じ袖細姿と揶揄されても全く意に介さない。そんな人柄が見え隠れする。

c）国司の人物表現

国司は官姓名を記されないが，位階で言えば従五位・従六位相当であり，中級の貴族である。要は，位階こそ上級とは言えないまでも，まがりなりにも貴族の一員である。

国司は二郎よりもすっきりとした細身の立烏帽子を被る（図33）。あきらかに二郎のそれよりも洗練された感のある烏帽子といえよう。顔は二郎と似てはいるが，眉なども手入れされており化粧をしているように見える。なによりも顔の右側の髪はしっかりと梳かれ，きちんと髻を結っているためか，髪が顔の

図33　国　　司

輪郭よりもはみ出して描かれない。髪型における整髪の程度に公武の身分格差がさりげなく表現されている。

上衣として色や文様はわかりにくいが淡い紫がかったような盤領系の直衣を着ている。直衣は貴族にとって家居の服装だが準正装でもありなかば公服の扱いであった。衣文襞や折り目もただしく，これはまちがいなく強装束(こわしょうぞく)系の仕立てが施された絹製の直衣であろう。両手，両足首は露出せず，右手には檜扇(ひおうぎ)をもち威儀を正している。袴は直衣と同じく家居のくつろいだ際の着用である大きくて太めの指貫(さしぬき)袴を着ている。褐色地に大きめの丸文が入っている。指貫袴は，裾口に緒を指し貫きしぼることができたように仕立てた袴である。国司も裾口をしばり裾口からは下に着籠めている赤い間着の端をのぞかせる。どう見ても，疑いようのない，典型的な烏帽子直衣(えぼしのうし)姿である。当時の社会では，位階は高くないにしても，押すに押されぬ貴種の家柄，すなわち貴族の姿である。国司の顔の右側の髪が描かれない点（二郎・三郎は髪がもさもさと見えていた点）や，盤領の服をまとっていること（二郎・三郎は袖細と直垂に代表される垂領系の襟元）などから察して，絵巻の作者は公武の出自の違いも明確に描き分けているのである。三郎は論外だが，二郎がどれほど着飾り，外見にこだわってみても，袖口から見える細い袖細を着こんでいる点などからみて，しょせんは武士であることを示している。作者は冷徹なまでに公武の身分の違いを図像化することに固執し，成功した。ここに，鎌倉時代後期にいたっても公武の身分格差は歴然としたものであったことを読み取ることが可能であろう。この作品の作者は実に容赦がない。

『男衾三郎絵詞』の絵画表現

この絵巻物の作者は，吉見二郎，男衾三郎，国司，それぞれの出自，現状，志向，今風に言えばライフスタイル全般を，3人の主人公の扮装・面貌表現，装身具などを小道具として，建築，調度・内装などの室礼を大道具として駆使して表現する。闊達な筆致は，ややもすれば雑な印象や書きなぐりのように受け止めることもできようが，実は非常に精緻な描写であることがわかる。観るものに三者の違いをわかりやすく伝えるために，多少の誇張表現はあろうかと思うが，誇張の方向性は前述のように明確だと思う。この絵巻物は鎌倉時代後期の武家社会における直垂や袖細の使用実態をかなり正確に伝えてくれるばかりでなく，武士や貴族らの姿を描くために，あらゆる「道具類」を主人公たちのキャラクター性に関連付けて自在に使いこなす。演劇などの舞台芸術では真実は細部に宿る，というがそれを地で行くような演出だろう。読者の方々にも鎌倉時代の一地方武士の生活が少しだけ具体的にご理解いただけたであろうか。

第4章　鎌倉幕府の儀礼観と服制

武家儀礼の萌芽

現代社会でも，冠婚葬祭など自らを取り巻く社会との関係性において，会社や共同体内部での上下関係，年齢差など，あるいは居合わせる場所や状況，人々の属性などによって衣服を変える必要に迫られる。黒の上下のスーツ，ネクタイの要不要など，さまざまな社会的な慣習がある。こうした事々をひとまとめにして「儀礼観」という。

元来，服装の制度は社会（的）集団や組織を構成する人々の秩序を維持するために定められた序列の視覚指標化，すなわち何人にも目に見えるかたちで示すための法制度として存在する。法制度といってもきちんと明文化された場合もあれば，習慣的なものが格上げされて法文化される場合，また，そのままルールのように定着してしまうものなど種々ある。初の武家「政権」はどのような衣服観を共有していたのであろうか。鎌倉幕府でおこなわれた儀式・儀礼について代表的なものを『吾妻鏡』をもとに紹介する。

源頼朝は，各御家人・武士団につたわる武芸の儀式に興味を持っていた。『吾妻鏡』には筆者の目を引いたふたつの興味深いエピソードがある。

① 1193年（建久4）5月16日の富士の巻狩りにおいて，優秀な射手3名を「矢口の儀」に招き褒賞した。獲物の肉を調理し，餅をついて食べる共同飲食儀である。その際に武士たちの家に伝わる矢口の儀に相違のあることに気が付き興味を持った。

② 1194年（建久5）10月9日条に，下河辺行平（しもこうべゆきひら）以下18名の弓馬の道に通じた武士を集め，流鏑馬以下の儀礼の作法について検討させた。各家に伝わる弓馬の儀礼の統一化を図ったとみられる。

①の矢口の儀とは「矢開き」ともいい，狩猟儀礼と呼ばれるものであった。富士の巻狩りは鎌倉幕府の御家人に対する軍事動員演習だったともいわれる。大軍勢での戦争の経験が少ない御家人たちの部隊運用が目的であったと目され

る。

このとき，初めて獲物をしとめたときにおこなう宴が催された。一人前の狩猟者になったことを祝う祝儀であったが，儀式の最中，横で見ていた頼朝は，家々によって儀礼の所作に相違点があることに気付いたと記されている。

②は，御家人それぞれが帰属する武士団では，個々に射芸（しゃげい）のルールを有していたらしい。たとえば神事として有名な流鏑馬（やぶさめ）にしても武士団ごとに細部が異なっていたので，御家人が一堂に会しておこなうような鶴岡八幡宮への射芸の奉納や練武としての競技などがやりにくかったのであろう。

①・②いずれも当時の鎌倉武士・御家人たちの状況を反映しているのであろう。鎌倉幕府の初期において，鎌倉方についた東国の武士たちはもっぱらそれぞれの拠点であった土地に根付いた血縁者を中核とする武士団を形成していた。それ故に幕府の軍勢として，あるいは幕府を構成するものとして将軍が統括するのは容易ではなかったことを意味していると推測する。それ故に共通ルールや儀礼観の共有を果たすことが将軍と御家人の心を一つにし，強固な鎌倉幕府をつくる道筋の一つと考えられたのであろう。こうした鎌倉幕府として将軍と御家人が共有する儀礼観の一環として衣服のルール：使用基準の整備もあったと推定する。

こうした時代背景を踏まえたうえで，鎌倉幕府の服制について紐解いてみたい。

武士と水干

最初に見ておきたいのは水干姿である。

水干は前に源頼朝が平頼盛（たいらのよりもり）父子と鎌倉で対面した時の服装であったことを紹介した。さらに，頼朝の水干姿は平安時代末期の軍事貴族の姿としては，朝廷貴族社会に属性を持つ武士として，あるいは，位階からみても至極当然の装いであったことも述べた通りである。朝廷貴族社会の下部装束（しょうぞく）を身にまとうことによってその最末端に位置することを許されたわけだが，平安時代末期の都には，院の北面の武士や摂関家（せっかんけ）や朝廷に属する水干姿の武士たちがたくさんいた。

果たして彼ら自身が水干を着ていることを屈辱的とかマイナスイメージでと

『扇面法華経冊子』（12 世紀）

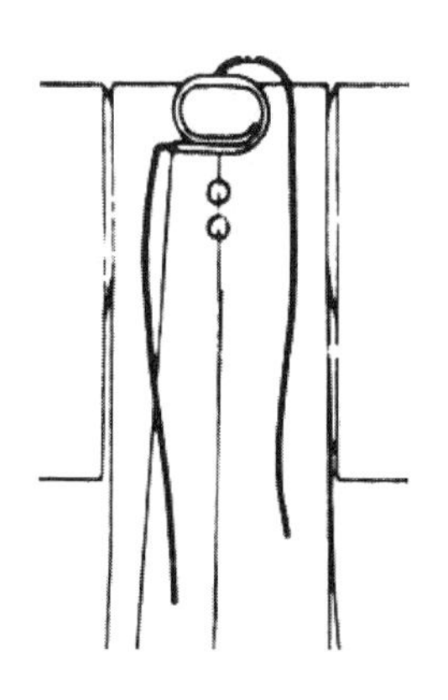

水干の襟元は身頃の上前の頸上の紐と，頸上の首の後ろの紐を結ぶものだが，絵巻物を見ていると，ややだらしない結び方の例（左『扇面法華経冊子』など）をよく見かける。

『法然上人行状絵図』（1307 年（徳治 2）頃）

『春日権現験記絵』（1309 年（延慶 2））

本文中で紹介した水干の垂領の着方は上の『法然上人行状絵図』のものが該当する。この方法のほかにも『春日権現験記絵』には頸上をすべて外側に倒す垂領の方法も描かれている。垂領の直垂を日常的に着ていた武士にとって，水干の盤領は相当に窮屈なものだったのかもしれない。

図 34　水干を垂領（たりくび）に着る

院政期頃からこの着方はあったとみられるが確かではない。鎌倉時代の絵巻物を中心にその実態を見いだせる。水干を直垂のように着るので，襟元の窮屈な感覚はずいぶん解消されるのかもしれない。

らえていたかは疑問で，こうした印象を抱くのはわれわれ現代人がいろいろな予備知識をもったうえでのことでしかない。事実，水干の装飾的な部分を袖細に移植したのは武士自身だろう。ただ，盤領という丸い襟元は武士にとって窮屈であったのか，水干の盤領を内側に折り込み，前身頃の頸上についた紐を左腋から出し，頸上の後方のもう一本の紐と結び合わせる，「垂領に着る」という着方を考え出した。実質的に垂領の袖細や直垂と同じような着方になり，その着心地も同じようなものであったろう（図34）。

『吾妻鏡』治承4年（1180）4月27日条では，高倉宮こと以仁王の発した平家追討の令旨を携えた源行家が伊豆国田方郡北条を訪ねた。そこには，北条時政らと暮らしていた源頼朝がいた。頼朝は水干に着替えて男山を遥拝し令旨を開いた。ここで頼朝は水干に着替えた。

これ以来，頼朝は威儀を正す必要があるとき，必ず水干を着ると考えたようだ。同12月12日，頼朝は大倉郷に新造された邸宅への引っ越しをおこなった。移徙儀に赴く頼朝は騎馬にて水干を着ていた。征夷大将軍を朝廷から拝命していた時期，すなわち，1192年（建久3）7月12日～1199年（建久10）1月13日の間であっても水干を正装とし続けた。

すでに公的な場面で狩衣を着ることが許される五位を越えた立場を得ていたのに，水干を着続ける頼朝には何かの理由があったと考えざるを得ない。建久5年8月8日条では，頼朝らは行基が建立した薬師如来の霊場であった相模国日向山に参詣した記事がある。そのおり，頼朝は水干姿で騎馬，頼朝の後方に続く人々も水干を着ている。時に正二位征夷大将軍という高位の立場にあっても頼朝は公の場で水干を着る。『吾妻鏡』では建久5年度日向山参詣が頼朝の水干着用をつたえる最後の記事となる。このように頼朝は水干を着続けたのである。

頼朝は院政期以来のしきたりとなっていた「武士の正装は水干」という考え方を引き継いだのであろう。

鎌倉幕府における水干の位置

さて，水干に関して鎌倉幕府では，武芸での威儀をただす衣服とも理解していたようだ。

鎌倉幕府の御家人たちの射芸のおりの正装は水干であった。1189年（文治5）頃からだが，弓始やその他の射儀で，御家人たちの水干姿が目に付くようになる。興味深いことに，水干が射芸の服として定着していく過程は，鎌倉幕府の射芸推奨とかかわっているようだ。たとえば，1190年（文治6／建久元）4月11日，頼朝の嫡男頼家がはじめて小笠懸という射儀をおこなった。頼家は9歳ほどだった。

十一日甲午。若君始射小笠懸給。行平参上。献御弓引目等之上。承別仰奉扶持之。三浦介進御的。千葉介奉御馬。小山田三郎献御鞍。八田右衛門尉進御行縢沓等。宇都宮左衛門尉朝綱進御水干袴。於南庭有此儀。朝政。遠元。重忠。重朝。義盛。景時等。依召候其砌。此外御家人等群参。三度射訖。下御。其芸稟性於天給之由。諸人感申之云云。二品賜盃酒於今日出仕之輩。行平賜御剣。依為御弓師也。

11月1日，頼家（若君）は初めて笠懸という騎射の芸をおこなった。その際，名だたる御家人たちはこの晴れがましい場に臨む頼家の衣服や武具を献上した。頼朝の命で頼家を助けたのが下河辺行平で，弓と引目（矢の一種），三浦義澄は的となる笠，千葉常胤は馬，小山田重成は鞍（馬具），八田知家は行縢・沓（狩装束）など，そして宇都宮朝綱は水干・袴を献上した。鎌倉幕府御所でおこなわれたこの笠懸で，頼家は御家人たちが用意した上記の物を使い，あるいは身にまとい，人々の満足の得られる笠懸の結果を出した。頼朝にとって息・頼家が武芸の才をそなえた将軍頼朝の子息として成長しつつあることを，幕府内外に示す，晴れがましい非常に公的な場であった。そうした場で水干が用いられたことを伝えている。のち1193年（建久4）5月，幕府あげての大掛かりな巻狩りが富士（野）でおこなわれる。曽我兄弟の敵討ちで有名になった巻狩りだ。同16日，頼家ははじめて鹿を仕留めた。大喜びの頼朝は梶原景高を鎌倉の頼朝夫人の政子に遣わして知らせるが，武士の嫡男であれば珍しいことではなく，こういう知らせは煩わしいと諌められてしまう。

嫡男頼家が弓馬の習得に勤しみだした時期，すなわち，1194年（建久5）10月9日，頼朝は小山朝政邸を訪ね，朝政以下，射芸に通じた者たちを前に流鏑馬以下の射芸の技術や作法などの故実の統一化をはからせた。自らの後継者頼家を支え，鎌倉幕府を支えるために東国御家人をまとめようとしたからでもあった。

翌年，頼朝は都に上洛し住吉社に参詣し流鏑馬を奉納する予定だった。都や西国の人々の目前で東国武士の射芸を見せるのであり，「難儀なきよう」という趣旨だった。その場に呼ばれた御家人の下河辺行平は前掲の門葉の一人でもあり，平将門の承平の乱を平貞盛・藤原為憲らと鎮圧した藤原秀郷の流れを汲む小山氏の一門であった。さらに射芸に秀でており頼朝の信頼も厚く，頼家の射芸の師を務めたほどだった。

鎌倉幕府は騎射三物と呼ばれた，流鏑馬・笠懸・犬追物という三種類の射芸を推奨し，その鍛錬を御家人たちに奨励した。流鏑馬は朝廷の５月の端午の近衛・兵衛の射芸を起源とするもので，直線の馬場を騎馬で疾駆しながら近距離に設置された檜や杉の薄板の的（切的）３枚を次々に射ていく。「矢継ぎ早」ということばは流鏑馬における射手の様子を端的にあらわしている。笠懸は的との距離はだいぶあるが騎馬の状態で中・近距離の的を射るもので，これも貴族社会に端を発する射芸と言われている。犬追物は指定された区域内に複数の犬を放し，騎馬の武士がこれを非殺傷型の矢である蟇目で射る。自ら騎馬で，予想外に動く的を射る，というものだ。これらはすべて非常に実践的な高度な技術を要するものであり，これらの騎射三物に通じることは東国武士の本懐だろう。

こうした射芸はおそらく地域や武士団によって固有のルールをもっていたと推測される。ゆえに幕府の神事関連の行事として御家人を招集しおこなおうとしたとき，異なるルールの中で練武を積んできた集団同士では，行事はおこなえないし，現代的な視点を加味すればフェアプレイはできないであろう。そんな射芸の奨励とともに，水干は御家人らの公的な晴儀の射芸の正装として広まっていったのではないであろうか。であるとすれば，鎌倉幕府の御家人の射芸時の水干使用は，鎌倉幕府の儀式儀礼の一部として機能していたのかもしれない。御家人たちが東国の武士たちの精神的支柱の一つともいえる藤原秀郷の子孫に射芸をともに習い，練度を高めていく。これだけでも連帯感が生まれてくるだろうが，こうした重要な役割を持つ儀式で水干という服装を正式な装いとすることで，いわば水干の正装化がおこなわれ，結果的に制服（ユニフォーム）化する。射芸に臨むにあたり水干を着ることは体験的に幕府の一員であることを意識する瞬間であり，同じ弓場に居合わせる御家人がそろって自分と同じ水干姿であることは視覚的にも同じことが言える。これを例年繰り返すことで，鎌倉幕府の一員であること，御家人であることを再確認する作業を再生産し続けるのである。これはまさしく服制の制服たる所以ではないかと思う。

源頼朝の水干姿

武士たちが院政期前後に朝廷貴族社会により押し付けられた正装・水干を着続けたことは非常に奇異に見えてならないが，やはり，貴族社会との関係性を踏まえると武士の正装は水干という考え方があったのであろう。証左となり得ると思うが，『吾妻鏡』建保元年（1213）5月2日条には，北条義時が和田義盛の謀反を鎌倉幕府3代将軍実朝に伝えようと出立する場面の描写で「起座改折烏帽子於立烏帽子。装束水干。」とある。義時は将軍実朝と面会するにあたりそれまで使っていた折烏帽子を立烏帽子にあらため，さらにおそらくは直垂から水干に着替えたのである。

頼朝の出身は，清和源氏の一流・河内源氏である。名門の武門出身にして朝廷貴族社会においても官僚としてのスタートを切った。父・義朝とともに平治の乱で平清盛方に敗れ，朝廷の位・職を解かれ伊豆に配流される以前，二条天皇の蔵人を務め，従五位下右兵衛権佐まで駆け上った。まがりなりにも，こうした出自と経歴をもつ頼朝が，解官されたのちの以仁王の令旨を受け取る際も，挙兵し坂東を平定していく過程においても，従五位下に復位し，平家を討滅し，征夷大将軍に補任され，晩年にいたるまで，公的な場で水干を着続ける。こうした公的な場・状況では水干を好んで着る頼朝でも，おそらく日常生活や通常の政務などでは，狩衣や布衣を着たり，時に直垂を着ていたりしたのだろうと推測する。

頼朝は，前述のように当時の朝廷貴族社会の儀礼世界に身を置き，おそらくはその儀礼観を身につけていたであろう。儀礼観にもとづき服装の制度を整備することが，幕府内の身分・地位の秩序の維持に有用であることは知っていただろう。幕府の儀式整備をおこなうなか，たとえば射芸関連の行事を中心に据え，また，衣服の制度の整備も進めていくことで将軍と御家人の主従関係を確固たるものにしようと画したのではないだろうか。これは鎌倉幕府内部の連帯感を強めるのにも意味がある。

頼朝が公的な場面で水干を着ていたことは述べたとおりだが，頼朝自身は自らの立場をどう考えていたのだろう。源氏も平氏も朝廷貴族社会の飼い犬のように受け止められていた院政期の考え方のまま一生を終えたのであろうか。推測の域を出ないが，頼朝自身の位階や立場が上昇しても，公的な場で水干を着続けることには，なにか意味があるような気がする。「朝廷貴族社会に属性を持つ武士の正装は水干ということを自覚していただけだろう？」という意見もあるかもしれないが，挙兵以後，死去するまで，というのは尋常ではないように思える。このことを考えるヒントになるかもしれないのは，前掲平治の乱で敗北したあと，解官以後のことである。頼朝は自らの社会的な位置を無官の一武士として理解していたのであろうか。それとも鎌倉幕府とこれに帰属する武士たちの服制は朝廷とは異なるものであったと理解するべきなのであろうか。容易に結論は出ない。

なお，こののち鎌倉幕府の実権を握っていく執権たちも水干を着る。頼朝の水干使用が先例になったということであろう。どこまでのちの時代の執権たちが頼朝の精神を引き継いでいるかは知るべくもないが，少なくとも鎌倉幕府では武士の正装の一つとして水干姿があった。

垸　飯

次に狩衣姿について見てみたい。

武家社会を基盤におく鎌倉幕府は，たとえば武士団の棟梁(とうりょう)と下人(げにん)や郎党(ろうとう)といった主従関係の進化発展した将軍と御家人という関係で成り立っていた。そして，御家人は従者として将軍に，軍事的な技術を提供して指示に従ったり日常的な雑用を負担する「奉公」を履行した。これに対し主人である将軍は見返りとして御家人の所領に対する諸権利を保障したり，幕府の設定した諸職を与えたり，あるいは朝廷の位階を得るための推挙をおこなうなどの「御恩」をもって報いた。

こうした主従関係を維持していくための基本は将軍と御家人の信頼関係にある。主従が互いに知見があり，そこに信頼が宿る，ということだろう。相互に相互の存在を視覚的に確認しあう，儀礼の考え方を実践する必要性から生まれてきた儀礼観と言い換えられる。朝廷貴族社会のように位階制度という朝廷の基本法である律令に定められた身分秩序とこれに基づく序列をもたなかった武士の社会では，この対面による信頼とその視覚化に関する儀礼観が重要視された。鎌倉幕府将軍と御家人らが信頼を確認しあう儀礼こそ「垸飯」である。

垸飯とは，もともとは朝廷貴族社会の大きな儀式の際に奉仕する人々を中心に準備された，儀式の進行には含まれない飲食の膳だった。儀式儀礼の中でおこなわれる膳のなかでは略儀といえ，殿上人以上の高級貴族らに供されるものと，滝口（たきぐち）や武者所（むしやどころ）といった下級官人らに供されるものの別があった。こうした垸飯の習慣が地方の国司の着任時に，むかえる側の諸国の現地で任命された在庁官人らが供する膳としておこなわれ，武士にも広がっていったと考えられている。もちろん，それだけではなく，やはり軍事貴族に臣従する武士らも主人への奉仕のプロセスでこうした膳を見知っていったのだろう。儀式儀礼に付随した，きちんとした食膳ではなく軽食のようなイメージであったらしい。いずれにしろ，文化人類学者のホイジンガやレヴィストロースらが指摘する「共同飲食」の論理で，同じ作業にかかわった者同士が「同じ釜の飯を食う」ことでお互いを認識し合う。垸飯とはこうした共同飲食の面が強い。

『吾妻鏡』には，鎌倉幕府の正月，将軍が新造御所への移徙や，鶴岡八幡宮での大きな神事など，多くの人手を必要としたときの慰労などの例が多い。しかし，もっとも重要性の高い垸飯は正月におこなわれた将軍と上級御家人たちの間でかわされる対面儀礼であった。1189年（文治5）正月3日甲午の条には「垸飯如例」としており，すでに，鎌倉幕府の最初期である文治年間（1185-90）には定着していた。通常の慰労の意が込められた垸飯であってもこれを繰り返すことで将軍との主従関係が確認され，御家人同士の連帯も深まるのは当然で，平安時代の朝廷貴族社会に起源を求めることのできる既存の儀礼をうまく利用している。また，年頭の垸飯も，毎年繰り返すことで幕府における将軍と御家人の主従関係を再確認していく機能がある。しかし，やはり武士は平安時代後期の歴史が生み出した人々であることをうかがわせる興味深い事象だと思う。

この垸飯出仕にかかわる武士は，おおむね従五位上から正七位ほどの位階を有している者であったことが，『吾妻鏡』の記事からわかる。頼朝は自らと同じ源氏の一族の者を「門葉」と呼び厚遇した。中世史家の元木泰雄氏によれば，門葉は，朝廷貴族社会で言うところの四位・五位の「諸大夫」にあたる。さらに『吾妻鏡』をよく見ていくと，門葉に「准ず」，と表現される武士もいる。結論から述べると，頼朝は朝廷の三位以上の公卿，四位・五位の諸大夫，六位以下の地下の侍という序列に擬して，将軍家，門葉（准門葉），普通の御家人という身分秩序を設けていたという。鎌倉幕府の初期，朝廷の位階制度のような細かな序列は生まれなかった。理由はよくわからないが，将軍と御家人との間の個人的な信頼関係が最初にあり，増えていくさまざまな出自・功績をもつおびただしい数の武士たちへの処遇が門葉以下の序列なのではないだろうか。しかし時間が経過して，鎌倉幕府の政治的な存在感や実質的な支配力などが強まると幕府の上級武士たちの中からは朝廷から位階を授かる者も出てくる。北条氏はいい例であろう。

この序列は，たとえば頼朝の出行の際の行列供奉で頼朝の背後に続く武士たちのなかに見える。なお『吾妻鏡』で見るかぎり，この門葉の家柄は，建久年間（1190–1199）を境として見出せなくなる。以後は執権，北条氏惣領家である得宗，その被官である身内人らが幕府の中枢を掌握し，幕府内の序列は変わっていく。

鎌倉幕府における布衣（狩衣）

さて，鎌倉幕府の一年はこの垸飯から始まる。この垸飯で用いられたのが狩衣姿であった。『吾妻鏡』では治承5年（養和元年）の正月1日，千葉常胤が鶴岡八幡の若宮に参詣し，もどった頼朝以下に垸飯を献上した。こののち1191年（建久2）になると正月1・2・3・5日に垸飯がおこなわれるようになる。1226年（嘉禄2）の正月1日の垸飯では北条泰時が差配し，摂家将軍藤原頼経が布衣と呼ばれる服を着け，他のおもだった武士たちも布衣だった。さらに，政所始（幕府政所における吉書始）や評定始（評定所の年頭の仕事始め），北条氏嫡男の元服，新御所弓始，将軍婚儀における露顕などの晴儀において有力御家人らは布衣を着る。

垸飯の出仕を務める武士たちは鎌倉幕府のなかでも将軍の信頼の篤い近臣であったことがわかる。その近臣らは晴儀の儀式には布衣を着て奉仕したということになる。彼ら，将軍の信頼篤き武士たちの視覚指標（目印）として布衣が用いられていると考えられる。

『吾妻鏡』を読んでいくと布衣は将軍の出行の行列供奉にも用いられていることがわかる。将軍の出行といっても規模も状況もさまざまだが，1253年（建長5）8月15日条には，宮将軍宗尊親王（むねたかしんのう）が鶴岡放生会（ほうじょうえ）に出たときの行列について非常に詳しく記されている。これによれば次のような編成の行列供奉であった。①先陣随兵（ずいひょう）（10名）②御車（11名　已上十一人直垂帯剣。候御車左右。）③御後五位・六位（29名　布衣下括）④後陣随兵。②に宗尊親王が乗車し，その背後に続く29名からなる五位・六位の集団が布衣である。「下括（げくぐり）」とは袴の裾を踝（くるぶし）までおろして裾口の紐を絞って括る着方を示している（ちなみに上括（しょうくくり）というのもあるが，これは膝のところで括る方法で，脛がむき出しになる。下括に比べれば下位の着方であろう）。この29名の布衣を着た武士たちこそ前掲の門葉のように将軍の間近で直接に奉仕する人々であった。この者たちは垸飯出仕の武士たちと同様に布衣姿だった。

結論を言えば，鎌倉幕府において布衣を着る武士たちは，晴の儀式や行列に供奉（ぐぶ）している将軍の信頼厚い者ということになり，幕府内の序列としては上位に位置する人々ということになる。しかし，この布衣の定義が実は非常に厄介なのである。『吾妻鏡』には以下のような興味深い記事がある。

1261年（弘長元／文応2）8月5日条に，同15日におこなわれる鶴岡放生会に布衣を着用するよう命じられた出羽藤次郎左衛門尉が「日数已迫之間。狩衣難用意之由。辞申云云。」とある。出羽藤次郎は布衣を着て将軍の後方で行列に供奉する大任を命じられていたのだが，もう日がないため狩衣を用意できないので供奉を辞退する，という。布衣は狩衣と同義ということになる。出羽藤次郎は左衛門尉だが朝廷の位階では従六位～正七位相当である。これと関連させて興味深いことがわかるのは，鎌倉幕府の定めた基本法である『御成敗式目（ごせいばいしきもく）』の追加法のうち，延応年間（1239–1240）に定められたもの（『中世法制史料集』1所収「追加法」第365号）だ。「諸大夫以上之外，不可着有文狩衣」とある。朝廷の位階でいえば五位相当以外の者は文様のある狩衣を着てはならないとする。整理してみよう。五位相当以上の者は文様のある「有文狩衣」で，六位・七位の布衣を着るべき供奉の者は自らの服を狩衣と呼んでいるが，追加法の内容を加味すると，おそらくは，「無文狩衣」すなわち文様のない狩衣であったということになる。そして，鎌倉幕府の御家人にとっては，狩衣とは布衣をふくむ同じ様式の服の総称であったようだ。朝廷貴族社会では12世紀にいたると，五位以上の着る狩衣は裏地をもつ袷（あわせ）の仕立てで，布衣は布製であれ，絹製であれ，裏地の無い単ものの仕立てで，六位以下の着るものとして通用するが，ややあいまいな定義という気がする。おそらく鎌倉幕府でもこうした朝廷の狩衣と布衣の使用区分を継受していたようだが，出羽藤次郎のように当事者である武士たちは，布衣を狩衣に含めているという例もあることから，やはりあいまいな認識であったようだ。

狩衣の「定義」

狩衣についてもう少し見ておこう。狩衣は，10世紀頃より文献にあらわれてくる服で，朝廷貴族社会が起源の褻（け）の服装であり，日常使用の服装だった。水干に似ているが上着の裾を袴に着籠めないのが特色だろう。天皇以外の使用で，律令制に定められた服装ではないので，序列を示す必要はなかった。だから基本的には制約のない自由な色目（いろめ）や着方の工夫が可能だった。構造からみて，律令制に定められた武官の正装に用いる欠腋袍を範に生み出された服だろう。腋を綴じずに，「欠腋」（けってき／わきあけ）とし，騎馬や弓箭の取り扱い時に身体が動きやすく仕立ててある。

狩衣もこれを継承し，さらに，前身頃の袖付けは全くなく，後身頃の肩から背中にかけてわずかに袖付けがあるのみであり，狩衣の下に着籠めた間着や下着が見えるものだった。そこで，制約のないことを根拠に，狩衣の表地と裏地をことなる色や文様で仕立てたり，身頃と袖の間から見える間着・下着にさらに異なる色・文様のものを用いたり，趣向を凝らしていた。

ところがここからがちょっと厄介になる。史料中にはもう一つ「布衣（ほい）」と呼ばれる服が現われる。有識故実の先達たちはこのことにいろいろな説を示してくれている。たとえば10世紀にあらわされた日本最初の百科事典『和名類聚抄（わみょうるいじゅしょう）』で編者の源順（みなもとのしたごう）は「布衣」を立項し「加利岐沼（かりぎぬ）」という音を付している。つまり，狩衣と布衣は同一のもの，ということになる。室町時代の有名な貴族である三条西実隆（さんじょうにしさねたか）（1455–1537）が著した『三条家装束抄（さんじょうけしょうぞくしょう）』という朝廷貴族社会の服装に関する文献がある。ここでも「一　狩衣事。[或は鳫衣とも書之。

称布衣同物なり。]」としている。

さて，朝廷貴族社会では，狩衣は布衣と同一視されていることになる。そもそも両者は，狩衣は使用目的が名称となり，布衣は素材が名称となっている。狩衣は『延喜式』に見られる「布衫」といわれる服が起源と推測されるのだが，もともとは「布衣」という盤領系の服があり，これを狩猟用にあつらえたものが狩衣なのだろうと推測する。だから，狩衣と称される服が作られはじめたころは，野外での激しい運動や，騎馬で藪のようなところを巡ったりすることを考えれば布製の「布衣」と同義であったのかもしれない。しかし，狩衣は平安貴族社会で貴族たちに重宝され，漸次，豪華なものへとなっていき，やがて絹製が当たり前のようになる。絹製になっても布衣と呼ばれたということも考慮するべきであろう。この服の本質部分でもあるが，制約のない自由な服であったためか，それぞれの定義はきわめてあいまいと言うよりない。絹製を狩衣，布製を布衣とする見方もあるが，決して誤りだとは言い切れない。

狩衣を公的な場で使う意味

いずれにせよ朝廷貴族社会では褻の服だった狩衣が，鎌倉幕府では晴の公的な場で使われたことは興味深い。

鎌倉幕府において公的な場で狩衣を着るということは有位の者の特権であると同時に将軍と信頼関係で結ばれている昵懇の関係であることを示す標識であ

図35　上杉重房像　明月院所蔵

ったのであろう。後述する烏帽子に水干という衣服の組み合わせがこの幕府に属性を持つ武士たちの正装であったことを考え合わせると，私服であった狩衣で公的な場に出ていいということは将軍から特別な待遇を受けていたと考えるべきだと思う。

鎌倉時代の俗人肖像彫刻の木像で，明月院所蔵「上杉重房像」（図35），建長寺所蔵「北条時頼像」（図36）を見てほしい。鎌倉時代の俗人の肖像彫刻として非常に著名で，また秀逸な作品と見なされている。これらはすべて，狩衣で体軀が包み込まれている。肖像画や肖像彫刻を包み込む服と服装は，原則

図36　北条時頼像　建長寺所蔵

図37　伝源頼朝坐像　東京国立博物館所蔵，ColBase より

的に像主の公的に最高位にあった時期のものを採用することが多い。つまり肖像画・肖像彫刻は公的な「晴」の姿で制作されるということになる。

ここでとりあげている肖像彫刻の像主は，重房が生没年未詳ながらも13世紀中ごろの人物，北条時頼は1227年生・1263年没の人物で，それぞれ将軍の近習と幕府執権の姿を写していることになる。この服装は像主の身分・序列と合致していることになる。ちなみに，鶴岡八幡宮伝来，現東京国立博物館所蔵「伝源頼朝坐像」（図37）は東京国立博物館のHPでは13–14世紀の作とし，像主名に疑義を呈している。筆者は，各像の身にまとっている衣服，すなわち立烏帽子に狩衣姿であることからみて，頼朝などではなく，鎌倉幕府の要人，あるいは将軍の近習の武士の誰かと考えている。これらの木彫像は将軍から強く信頼されている人物の証としての狩衣で包み込まれているのかもしれない。

鎌倉武士の直垂

では，武士のトレードマークとなりつつあった直垂はどうであろう。『吾妻鏡』からは武士の服装としておびただしい量が検出される。いままで述べてきたように，鎌倉時代，武士は袖細から直垂を育ててきた。武士たちは幕府の儀礼のみならずあらゆる場面でさまざまな直垂を自由に着ている。

前に1253年（建長5）8月15日条の宮将軍宗尊親王鶴岡放生会のときの行列を紹介した。これは典型的な将軍の行列供奉だが，牛車に供奉する11名の武士がいた。「已上十一人直垂帯剣。候御車左右。」とあった，直垂を着て，帯剣し，将軍の乗る牛車の左右を警護する武士たちだ。第2部の冒頭でとりあげた『とはずがたり』第4巻にも「直垂着たる帯刀」とあったのと同義である。幕府の公的な晴儀の象徴である将軍出行の行列供奉のなかに直垂を着た武士たちは，狩衣・布衣を着た人などに紛れているが，朝廷貴族社会風の行粧のなかではやや違和感を覚える。帯剣して武装する武士の姿が妙に目立つのだが，これは『吾妻鏡』安貞2年（1228）2月3日条の将軍の鶴岡八幡宮参詣の記事中に，直垂姿で帯剣武装して騎馬の将軍を左右に分かれ徒歩で供奉する武士たちについて次のように記されている。

> 又六位二十人着直垂令帯剣。列歩御駕左右。是去建保七年正月右府将軍御神拝之時。依無如此警固有事。向後可有用意之由。兼日被定之故也

大意としては1219年（建保7）正月，3代将軍 源 実朝が鶴岡八幡宮拝賀の際に前将軍頼家次男の公暁に討たれた際，もしこのような警護の武士たちがいれば難を逃れただろうということで将軍出行時に必ず護衛の武士をつけることが定められたという。つまり直垂で武装した将軍の行列供奉の武士たちは，将軍の生命を守る警護を任としていたということになろうか。狩衣や布衣のような着なれない服よりも，日頃から着ている直垂姿のほうが警護には向いているということだろう。

この直垂で帯剣武装した武士たちは，晴儀のやや儀礼的にも見える将軍の行列のなかでは，武芸に秀でた勇敢な者たちなのだろう。武装した直垂姿こそ武士の本義とも思うが，行列供奉の武士たちのなかでは異彩を放つ集団であっただろう。狩衣や布衣を着ることが将軍の近習であることを示す誇らしさがあっただろう一方で，この直垂姿の将軍警護の武士たちもまた，武士としての職能を誇示する役柄であった。

鎌倉幕府服制とは

鎌倉幕府の服制は，直垂を基本的な武士の正装としながらも，それが制度的なものなのか，個人の意志によるものなのかは容易に判断できない。しかし，服制に関する取り決めを記した史料がない中で『吾妻鏡』などを参考に得られた知見としては，五位以上の武士たちにおいて水干は正装と位置づけられていたと考えていい。五〜七位クラスの官位を与えられている（有位）者で，将軍の近習は公的な場での正装として狩衣（布衣）の使用を許された。公的な場面での狩衣着用者は頼朝との信頼関係を有する者としての幕府内における優位性を目に見えるかたちで示したといえそうだ。もとより狩衣は，この服装を生み出した朝廷貴族社会において，位階などの序列による細かな使用規定をもたなかったのであり，鎌倉幕府での有位の武士の使用は前代である平安時代以来の貴族たちの使い方に倣ったものだろう。将軍の近習たちは，垸飯などの儀礼や行列などで，将軍の脇に侍し馬や輿などの後方に供奉し，無紋の狩衣を身にまとい「布衣衆」などと呼ばれた。

一方，直垂は鎌倉幕府の御家人たちの正装ではあり続けたようだが，水干や狩衣姿の武士が将軍の近くを固めるなか，将軍の騎馬や輿の周囲には，直垂姿で太刀を佩いた武勇に覚えのある者「帯刀(たてわき)」を配した。

既存の朝廷貴族社会の服制を流用しながらも，幕府独自の服制を構築していったさまがおぼろげながら見えてきたと思う。鎌倉幕府服制は，当時の幕府における主従関係とその親疎の程度を第三者に視覚化するものであったといえるだろうし，武士の職能を示す標識の意味も与えられていた。しかし，まだ，武家社会，特に幕府という政治体制内での武士の序列が整い始めたばかりであったためか曖昧さがある。

第2部まとめ

さて，鎌倉幕府の儀式観と服制を概観したところで，そろそろ第2部を終わりたい。

鎌倉時代，12世紀末期から14世紀初期の150年足らずの時間のなかで，武士は自らの服装において何をなしたのだろうか。

袖細が直垂に

前代の平氏政権期，袖細は直垂として大きな袖になり，装飾を得，有位の者は上質の絹を素材とするようになった。この段階では，朝廷貴族社会の服装である水干のいくつかの部位を取り入れたものだった。これは平氏政権，厳密に言えば，平氏一族の有位の者や平氏に近い関係にある武士のなかでの服装であり，武士全体への広がりではなかったのではないだろうか。しかし，平氏が壇ノ浦で滅亡後，「建久新制」にいう鎧直垂が，武士の一世一代の晴装束（はれのしょうぞく）ということを口実に在京の武士たちにより用いられていたことは，武士自身が自己の存在の主張として鎧直垂を用いた事実を伝えている。豪華な，あるいは武士の分限を越えるような直垂が，平氏以外の武士たちにも用いられたということだろう。武士の社会的な立場について考える材料となるかもしれない。そのうち，直垂は大きな袖と装飾を備えることが一般的となったが，絹製のものがいまだ有位の者の所用，あるいは武士団の棟梁クラスの一張羅で，布製のものが一般的であった。素材の問題を考えると，朝廷貴族社会の貢納の象徴でもある絹を直垂の素材としたことは，おそらく朝廷の位階を有する者，経済的・政治的優位性，限定された地域の権力者などと，そうではない者たちとを見分ける標識にもなっていった。武士のなかでの厳格な序列が生じはじめたということだ。一方，直垂と武士をめぐるいろいろな面やエピソードなどが見られるが，いずれにしろ直垂が武士であることを目に見えるかたちで示す標識となったことは間違いない。

鎌倉時代も後半になると，流通経済や商品経済の広がりとともに，直垂自体が武士の世界にどんどん広がった。絹素材の直垂も少しずつ武士全体，とくに地方武士たちにも広がり始めたようだ。そして，前代の袖細は，武士の社会における大まかな序列，棟梁とそれ以下，主人と従者の関係において，ともに後者の用いるところのものとなった。直垂は武士のなかでも指導的な立場の者や上級武士たち，武士団の棟梁クラスの所用として定着したのである。直垂と袖細の関係は武士における序列にとどまらない。自らの身分や序列を目に見えるように表示しなくてはならない公的な晴の場において，都の武士が直垂の下に大きな袖の汗取りなどを着ていたのに対し，地方の武士は袖細を直垂の下に間着もしくは肌着として着ていた。直垂を着る上級武士らは，袖細を着ないわけではなく，日常着としては使い続けていたと考えるべきなのかもしれない。ただ，公的な場では直垂を公服として用いるという新しいルールが加わったということにすぎない。幕府武家社会における武士自身が創出した儀礼観の萌芽であり，服制の発生といってもいいだろう。

自分しかいない日常や，家族や，ごく近い家人・所従らの前では，男衾三郎のように上着となった直垂を脱ぎ，袖細姿であったのだろう。よって，家族の前でも公服の直垂を着る吉見二郎は，都志向，都の武士や都の生活にかなりの情熱をもって憧れていたということになるであろうか。T. P. O. をわきまえない野暮な人ともいえるだろう。もちろん，都の貴族などからみれば二郎のこうした志向は非常に陳腐なものと見えていた，のかもしれない。「武士なんてこんなもんだ」という貴族社会の人々のささやきが聞こえてくるようだ。しかし，当の武士は，このような朝廷貴族社会の嘲笑があってもどこ吹く風であったのかもしれない。

鎌倉時代後期になると，直垂は素材にかかわらず，主として都の武士を中心に華やかになっていく。ただ，「華やかさ」といっても，色ばかりではない。たとえば文様がある。第2部でとりあげてきた絵巻物に描かれた武士の姿は，よく見るとかなり大きな文様や柄の直垂を着ていることも見逃せない。『蒙古襲来絵巻』では，安達泰盛邸で竹崎季長と面会する場面で，季長の背後に泰盛と向かい合うように横一列に座る三人の武士たちは，紺地の肌着の上に白地に縹の大きな三つ鱗，濃い紺地に白で鶴に似た大きな文様，白緑の地色に白で竹の葉のような文様の直垂を着ている（図38）。

図 38 『蒙古襲来絵巻』 安達泰盛邸の武士たち

直垂の名称の変化

この時代，多くの直垂が，地紋として近世の熨斗目(のしめ)の小袖の小紋のように，比較的小さな文様や無地のものが多かった時代であり，かなり派手目な印象をうける。直垂を自己顕示の道具として，当時の武士たちが色彩や文様に工夫を凝らしていた様子がわかるだろう。この場面は街中ではなく，鎌倉幕府要人の邸宅内であり，晴れの場でもある。公性の高い場ということになるが，そこでは街着や洒落着とは異なる方向性の華やかさとして，大きめではっきりした文様の直垂が用いられたことになる。さらに興味深いのは直垂の名称の意味にもわずかながら変化が見えてくることである。

いくつかの例を示そう。鎌倉時代の中・後期，13・14 世紀に成立したとされる『源平盛衰記(げんぺいじょうすいき)』巻第 45「内大臣京上被斬附重衡向南都被切並大地震事」には「歳五十計なる男の，貲布直垂に長刀杖に突たる男，北へ向て行けるを袖を引へ，」とある。「貲布(さよみ)」とは，とても粗い織り目の麻のことを呼ぶが，質素な素材で布直垂(ぬのびたたれ)に分類されるだろう。

14世紀末，南北朝期の物語文学『増鏡』第20「月草の花」には1333年（元弘3）5月初旬，北朝の初代天皇光厳天皇に反旗を翻した足利高氏が京洛に侵入したとする記載がある。虚をつかれた北朝側の六波羅探題の北条仲時・同時益らは劣勢ゆえに東へ落ち，光厳天皇も続いた。供奉の貴族は冠直衣姿などで人目に付くことから，別当中院通冬は「道の程のわりなきに，折烏帽子に布直垂と言ふ物うち着て，細やかに若き人の，御前共に紛れたれば，とみにも見えず」と『増鏡』に記しており，前駆の若者たちに紛れることができたという。この「布直垂」という名称は，絹製の直垂が「直垂」の代名詞となり，布製の直垂が特別視された証拠といえる。直垂，といえば，絹製であることが常識的となっていたことを示唆している。さらに，布直垂は上等な身なりではなかったこともうかがわれる。身分や地域的な偏りはあるものと考えたうえで，直垂の素材の点においてその発展が次の段階に入ったことが読み取れる。

第3部

進化する直垂と武士の発展

——中世後期から近世

金雲に彩られた都の風景。古代以来，都でありつづけた京都。描かれた都の人々。

中世末期の京都は応仁の乱や戦国期の罹災から立ち直りつつあった。そんな都を背景に御所や室町幕府政庁，名所旧跡，そして，さまざまな身分や老若男女が洛中洛外図屛風と呼ばれる一連の作品に描かれている。第3部はそんな活気あふれる都を闊歩する武士たちの姿の考察からはじめよう。

ご覧いただきたいのは，有名な米沢市上杉博物館所蔵の国宝『洛中洛外図屛風』（6曲1双，以後，「上杉本」と呼ぶ）の左隻，室町幕府政庁であった花の御所に赴く武士の一団だ。16世紀後半の，戦国時代ころの都市・京都の姿を描く都市図と呼ばれる作品に分類される。街並みや寺社，名所などを描きつつも，都市を都市として生き生きと描くために，都に関わりを持つさまざまな身分の人々を描いている。朝廷貴族社会から幕府武家社会，京都の町衆，宗教者，商売や流通関連の人々など，名もなき人々まで描きこむ，実に精緻な作品といえる。中世末期から近世までに類似する作品はたくさん制作されているが，上杉本は初期の作例として，また狩野永徳の代表作として知られている。美術史的見地からいえば，各種の職人尽絵や人物画などの風俗画や山や川などの自然景観を描写する風景画，名所旧跡を絵画化した名所図などあわせて詰め込んだ，中世絵画の集大成的，あるいはダイジェスト的な画容ともいえるだろう。洛中洛外図はこの上杉本の前後に，歴博甲本，東京国立博物館模本があり，さらに近世期の作例も数多ある。いずれにおいても，当代一級の風俗史料としても，その価値は計り知れない。中世末期の京都を映し出す鏡のようだ。

さて，図39を見てみよう。先頭の，侍烏帽子に直垂を着ている5人のうち，前から2人目の人物が着ているのは赤い絹製の直垂であり，一行の主人だろう。この5人の後方に3人の侍烏帽子に大紋か素襖直垂姿（後述）の者がいる。左側の馬のあたりには少し地味目な，ややほっそりしたシルエットの直垂を着ている人の姿が描かれている。しかし，この場面をもう少しじっくり見て

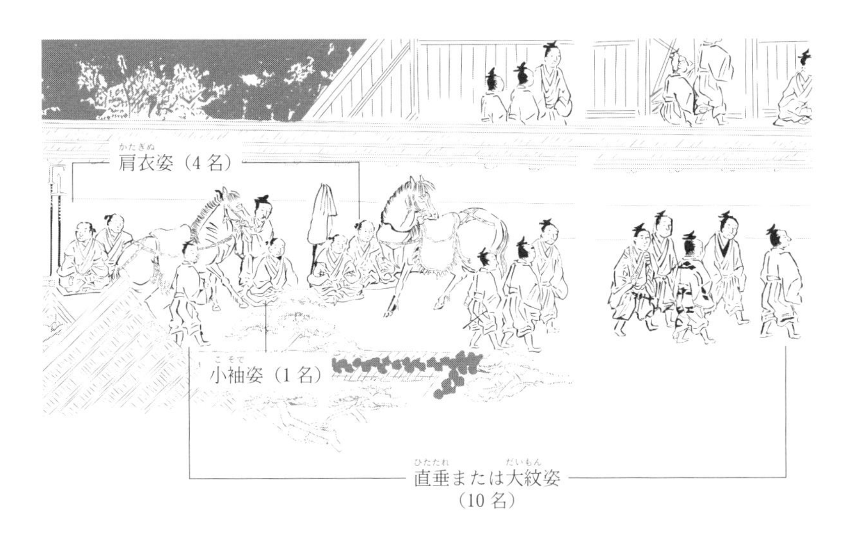

図39　直垂系装束のヒエラルキー　『洛中洛外図屏風』（上杉本）　米沢市上杉博物館所蔵

図 40　直垂系装束のヒエラルキー　『洛中洛外図模本』（東博模本）
東京国立博物館所蔵，ColBase より

みると2頭の馬の後方には裃（この時代は肩衣上下姿と呼ばれているが）姿の人物が座っていることに気が付く。そう，われわれが時代劇などで目にすることの多い，近世期の武士の姿を髣髴とさせる裃姿の原点がここには描かれている。何気なく描かれたこれらの人物からは服装による武家社会の序列が読み取れるのである。

次の図40は東京国立博物館所蔵『洛中洛外図模本』のまったく同じような場面である（以下，「東博模本」と呼ぶ）。花の御所に訪れた武士の一団が下馬し，これから入っていこうとしている。ほぼ同じような編成だが，先頭を行く二人は風折烏帽子に直垂姿であるが，室町幕府政庁内では，かなりの上級武士が使う風折烏帽子を被っていたり，腰刀などの武装をしていないことから何か違和感を覚える。従者の編成も上杉本と似たようなものだが，よく見ると，近世の武士の正装である肩衣（裃）姿の割合が東博模本の方が多い。行列の主人の家臣の構成なのか，何か時系列的な変遷なのかはわからないがとても興味深い。

こうした武士の服装の描き分けは，この時代の武士の集団ごとの序列を明確に示している。直垂を着る者は武家社会における最上位の立場として，肩衣，小袖，と序列は低くなっていく。武士は鎌倉時代から南北朝期，足利氏を将軍にいただく室町幕府期と，時期ごとに自らの社会の服装と制度を整えた。第1部・第2部でも見てきたように，武士は，政治権力としての立場を築く過程で，烏帽子に直垂を自らのトレードマークのごとく身にまとった。続く室町時代から戦国期にかけて，武士は直垂を発展させたいくつかの服と服装を生みだした。制度上の位置づけや服の形状など，多少の変化を遂げながらも近世期を通じて用いられることになる。

第1章　進化する直垂

直垂の進化

室町幕府の基本法『建武式目』の追加法『式目追加』所載の1367年（貞治6）12月29日付「禁制條々」には，公家や武家などにつかえる下級の従者である「中間以下輩」について「同輩，直垂之絹裏，絹腰，揉烏帽子懸不可用事」と見える。室町幕府第2代将軍足利義詮や同3代将軍義満のころのことだが，この禁制は，諸家の中間の下級武士や，在京する諸国の守護たちの家臣であった武士たちの分限を越えた贅沢を禁止しようとする内容だ。要は下級武士たちの奢侈を禁じている内容なのだが，直垂の絹裏以下の記述は，武士の公的な場面での礼装に該当する。14世紀中頃の貞治年間，武士の公的な服装は具体的な仕様が定まっており，上級武士はもとより下級の武士たちにも共有されていた認識だったことを意味している。中世，室町幕府期，まず，この直垂は絹地で裏地をともなう袷の仕立てとなり，礼装へと格上げされる。従来通りの布製の直垂は，裏地をともなわない単の仕立てとなり，家紋や特定個人を示す紋様などの「記号」をつけたものが「大紋直垂」と呼ばれるようになる。また，大紋直垂よりも，より日常着・作業着的な「素襖直垂」が生まれた。直垂が3種類に分化した，ということになる。

しかし，前掲の禁制の文言の行間を読むなら，直垂系の服が分化していく過程で，最初は自己顕示の末にある奢侈が原点であったかもしれないが，武士の世界においてなんらかの社会的な立場をもつ上級武士とこれに支配される下級武士，という序列の差が直垂と大紋・素襖の使用区分や使用条件と密接に関係していることはほぼ間違いないであろう。最上衣としての直垂と袖細，間着・下着としての小袖，という序列に，さらに加えて，その上層の直垂が細分化したということになる。武士の身分が整備されていく過程が見えるようでとても興味深く感じる。なお，筒袖の袖細は，絵巻物類などをみる限り，14世紀には徐々に見られなくなり，小袖にとってかわられていく。直垂そのものは，大紋・素襖をふくめ袖が大振りになり，袴も長く後方に引きずるようになっていく。実用本位で生まれた服が，室町幕府の儀式・儀礼の変化にしたがって「長大化」という形状の変化を生じた。このことの結果が，たとえば江戸時代，幕府の武士たちが江戸城中でずるずるとひきずるような裃姿として継承している。

分化する直垂

図 41〜43 を見ていただきたい。室町期から戦国期の武士たちの肖像画だが，像主は，それぞれ，図 41 が室町幕府第 6 代将軍であった足利義教（1394–1441），図 42 が東国の戦国大名北条氏康（1515–1571），図 43 が東国の足利長尾氏の長尾政長（16 世紀中ごろ／生没年未詳）である。

この 3 名は直垂系の姿である。じつはすべて異なる名称の服なのだが，像主名を伏せて眺めるとその違いはほとんどわからない。わかるのは，義教像は風折烏帽子，氏康像は侍烏帽子，政長像は冠帽具なしの露頂という程度であろうか。ちなみに，図 41 は直垂，図 42 は大紋（直垂），図 43 は素襖（直垂）と呼ばれるものだ。詳しいことは後述するとして，少しだけ分析をしてみよう。

3 種類に分化した「直垂」系の服には興味深い特色がある。たとえば，院政期以来，鎌倉，南北朝，室町期にいたるまで，いずれも最上衣として進化してきた。最初から上着として進化してきたということを意味している。

直垂の原型となった袖細は，下級武士の正装や，武家社会の序列に関係なく，間着，下着として生き続け，鎌倉時代を通じて，庶民にとっては依然として通常の服装であり続けた。上級武士はもとより下級武士にいたるまで武士たちも直垂の下には袖細を着ていたし，ときにさまざまな武芸の鍛錬や，あるいは労働・作業などには袖細を着ていたであろう。つまり，武士の日常生活のさまざまな場で用いていたということにある。また，主・従という観点からいえば，武士それぞれの家の，序列としてはかなりの下級武士にとっては，袖細直垂に代わる公私の服装であった。前掲『蒙古襲来絵巻』に見られた，主従の使い分けと同じと考えていい。大袖の直垂は主人，袖細は従者，という使用区分は，袖細が小袖に変化して引き継がれている。しかし，鎌倉時代の末期，袖細の袖に袂ができてくる。鎌倉時代末期の『春日権現験記絵』『一遍上人絵伝』などには貴賤老若男女を問わず，人々の袖細には，安土桃山にくらべれば緩やかな

図 41　足利義教像

から袖の下端がゆるやかな曲線をもってくる。こうなると，すでに袖細ではなく，あきらかに，中世末になってから小袖と呼んでいる服に移行しつつあるといってもいいだろう。袂の下端のゆるやかな曲線を描く弧は，鎌倉時代の末期から 200 年という時間をたっぷりと費やして，われわれの知る小袖の袖に変化していったことになる。

大きな袖となった直垂の間着や下着は，この小袖と大きな袖の汗取りなどと呼ばれる服のどちらかを用いていたようだ。汗取りとは，本来，貴族社会の水干や狩衣とあわせて用いられていた肌着であった。鎌倉時代，都の服装を目の当たりにしたり，見聞きしたりした武士たちは，直垂を汗取りと組み合わせるようになる。彼らの目には，都風，というか，垢抜けした装いと映ったのかもしれない。そしてこの組み合わせは，14 世紀，鎌倉時代末期から南北朝期を経て 15 世紀，室町幕府期にかけて武士たちの間に広がっていった。加えて，ある種の公性を帯びた装いとなる。武士たちの間では，労働着としての使用はもとより，袖細が変化した小袖は，間着・下着，ひいては日常の私的な場での

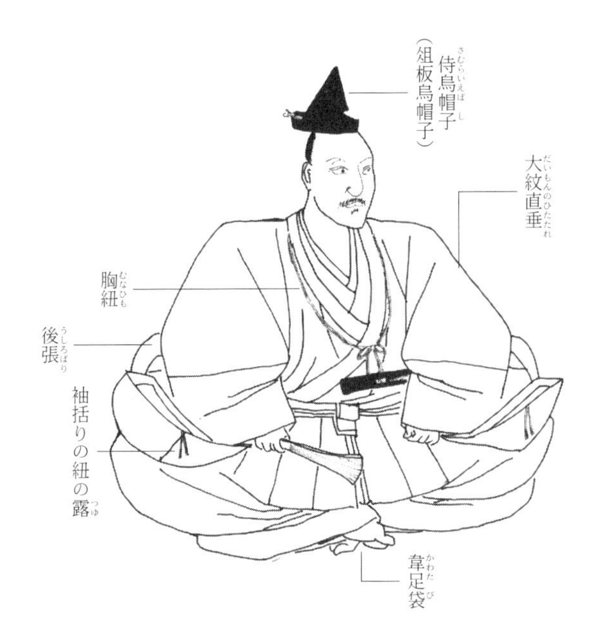

図 42　北条氏康像

図 43　長尾政長像

くつろぎの装いとなっていく。直垂系の服は素材や仕立ての差こそあれ，公性の高い服装となったということは，武士の公服として完成の域に達したとも言える。武士の身分指標として，もっとも他者の目につく上着として定着したということになる。直垂系の服装は中世という長い時間を経て，目に見える武士の代名詞となり，さらに武家政権，幕府権力を象徴する服ともなっていった。

武士の小袖

直垂系の服装が公性を強める一方で，中世期の武士の服装文化において見逃せないのが小袖の存在だ。後述するが直垂はまったく礼装となってしまって，鎌倉時代のような自由さや，どこか武士らしいラフな着方は大紋や素襖に取って代われてしまう。そして武士たちは，小袖を組み合わせて，ことのほかファッショナブルに着こなす。この第3部で用いているさまざまな室町幕府や武士関連の史料や，中近世の風俗画と呼ばれる，たとえば先ほど紹介した洛中洛外図屛風，そして数多く存在する武士の肖像画がいい例となる。こうした文献や絵画史料によれば，守護大名・戦国大名クラスの武士であっても直垂系の服の下に小袖を着ていた。博物館の展示や図録などで肖像画を見る際は，像主の襟元を目を凝らして観察してほしい（褪色・剝落や汚れのために目立たなくなっているものもあるのだが）。実は，驚くような色づかいであることがわかってくるのだ。肌着や間着としての白は標準として，現代の感覚で言えば，褐色や緑の濃淡のような，ナチュラルカラーやアースカラーのようなシックな色あいのものや，白と赤のストライプなどのカラフルなものなど，ことのほかファッショナブルだ。テレビの古典芸能の番組や，インターネットで能楽や狂言の映像を見ていただきたい。中世期に起源をもち，朝廷や室町幕府にはぐくまれた能楽や狂言などの衣装にはその片鱗が伝えられている。典雅で華やかな公家用の衣装とともに，地味だが落ち着いた色づかいの武家様の衣装を目にすることができる。

小袖は，以後，後述する肩衣，羽織（胴服〔どうぶく〕）とは組み合わせて用い，そのまま近世にいたる（江戸時代の武士は小袖を公私ともに着た）。主従や武士の世界での序列を示す意味やT. P. O. において「直垂」系の服は常に最上衣であり続けた。鎌倉時代と異なるのは，袖細直垂のかわりに小袖が進化してきたことであり，直垂系の服装を色々な意味で際立たせる一助となった事実だろう。

第2章　室町幕府の儀礼観

衣服を着るT. P. O.——儀礼観

ところで，ここで少し視点を変えてみたい。室町幕府の儀礼観をながめてみて，服と服装，その使用規範の「器」となる場について考えておきたい。

服や服装にはT. P. O.（Time, Place, Occasion）がある。状況を考慮したり斟酌したりして，服を選ぶのは，現代人のわれわれでも変わらない。前近代では，このT. P. O.が生活を送るうえできわめて重要だった。幕府武家社会や朝廷貴族社会などの社会集団や貴族・武士といった身分における儀式・儀礼といえば，平安時代の朝廷貴族社会の年中行事（毎年，式日の決まっている儀式・儀礼）と臨時公事（特に式日の決まっていない儀式・儀礼）を思い出す。現代人であるわれわれからすれば，朝廷の儀式・儀礼（以下，「朝儀」と略称する）といえば，その典雅な雰囲気や光景に関心を抱きがちだ。しかし朝儀をおこなっていた，参加していた当事者，すなわち天皇や朝廷の役人・貴族たちにとっては大きな二つの目的があった。

一つ目は，あらかじめ定められた式日や場所・時間に，毎年くりかえしおこなわれる年中行事などを通じて，朝廷の健在な政権運営がなされていることを確認することだった。さらに二つ目として，こうした儀礼を通じて，定期的な天皇と臣下の関係や，位階・職掌に象徴される序列や政権内の秩序を確認することでもあった。その序列を示す機能を与えられたのが服装ということになる。したがって，こうした身分の序列を示すような空間は当事者たちにとって「公」的な場ということになる。そして，そこで用いられる服装は「公」服ということになる。

以上のような人と儀式・儀礼，服装の関係という視点で武士の世界をながめてみると，前にみた鎌倉幕府では，武士にとって職能である武術等を妨げない，着なれた直垂を軸に，袖細の直垂があり，あるいは官位を持つ者の象徴としての貴族風の狩衣姿があった。特に直垂と狩衣の関係は武士による政権——（鎌倉）幕府——ならではの対比を見せていた。室町幕府の服装と制度は，鎌倉幕府のそれを引き継ぎつつも驚くほどシンプルなものなのである。それが目に見えてわかるのが儀式・儀礼の場なのだ。

1333年（元弘3），鎌倉幕府は滅亡し，後醍醐天皇による建武の新政が軌道に乗るように見えたとき，足利氏を征夷大将軍にいただく室町幕府が成立する。前代の鎌倉幕府期の政治形態や組織を継受し，発展させた組織と構造であった。儀式・儀礼の観点からいえば，鎌倉幕府に比して，ずいぶんと整備された観がある。

室町時代は幕府武家社会，とくに室町幕府内で儀式・儀礼が著しく発展した。幕府内の身分秩序を厳にし，武士たちの序列化をはかることで，幕府・将軍権力を強固なものにすることが目的であったようだ。特に幕府内の格式が公的に示される場面が儀式・儀礼の場ということになるだろう。その結果，実にたくさんの武家故実の文献が書かれ今に伝わる。多くは『群書類従』『続群書類従』ともに武家部に収載されている。幕府に臣従する者たちを支配する側，支配される側の両視点から，儀礼のマニュアル・ブックのような内容から，臣下の心得にいたるまで実に多彩で驚くほどだ。これは，筆者の興味からいえば，ありがたいことに，儀礼観や儀式・作法，服制，服装習慣など，いろいろなことがわかってくるが，上記の直垂・大紋・素襖についても同様で，使用実態をつぶさに知ることができる。

室町幕府の儀式・儀礼の根幹は，朝廷貴族社会における年中行事と同じく1月からはじまる歳事だろう。鎌倉幕府が東国に拠点をもっていたのに対して，室町幕府は京都に政庁をもっていた。朝廷の政庁である「内裏」や朝廷貴族社会を構成する貴族や官吏たちが居住するのも同じ京都だった。鎌倉幕府の年中行事は『吾妻鏡』のような記録を読んでも，朝廷貴族社会ほどの細かい歳事の体系を有していなかったようにも思える（このことを鎌倉幕府の儀式儀礼の体系は未熟であったとか，無頓着であったとかの議論と評価めいたことは差し控えたい。文献が少なくわからないことが多いからだ）。

室町幕府の儀式・儀礼

室町幕府の儀礼は「武家故実」と冠される。整備が著しく進んだのは6代将軍・足利義教期ともいわれる。室町幕府儀礼については二木謙一氏が多くの研究成果をあげられており，著書の『中世武家の作法』（吉川弘文館，1999），『中世武家儀礼の研究』（同上，1985），『武家儀礼格式の研究』（同上，2003），『戦国織豊期の社会と儀礼』（同上，2006）で接することができる。二木氏の研究成果に導かれつつ，ごくおおまかに室町幕府儀礼について説明しておく。

室町幕府の儀礼は鎌倉幕府儀礼を内包しつつも，室町幕府の組織の複雑化と家格の発生，公家との交流という状況の変化に応じて，室町幕府の社会集団としての儀式・儀礼観が醸成される。儀礼の基本は鎌倉幕府と同じく将軍との対面儀礼に重きが置かれていた。将軍と臣下の関係は「信任」ということになる。また，各武士たちの家の格「家格」が重要視されたのは室町幕府の特色と言っていいだろう。それゆえに後述するようにやや複雑化しつつも次代の江戸幕府を彷彿とさせるような「御礼」「御成」のような行事もあらわれてくる。なお，室町幕府では政所執事の家柄であった伊勢氏がそのノウハウの確立に深くかかわった。儀礼的な所為・所作に始まり，衣服や持ち物，武具・甲冑，馬具におよぶ細かな礼法であった。伊勢氏としては庶流になる出身の伊勢貞頼は，1528年（大永8／享禄元），伊勢氏に伝わる武家故実について『宗五大草紙』という書名で著した。伊勢流武家故実の誕生である。この文献は後世の武家故実に多大な影響をあたえたバイブルのような位置づけである。

興味深いのは，この伊勢氏の貞衡（1605–1689）は江戸幕府3代将軍家光の時に幕府より旗本として召し抱えられたことである。以後，伊勢氏は江戸幕府の儀礼の整備に大きく帰依し，武家故実の家としてその整備や伝承に従事した。江戸幕府の儀礼は室町幕府以来の諸事を飲み込んだ者であったことがわかる。また，こうした諸点を見る限り，やはり鎌倉幕府よりも進化した儀式・儀礼体系であったことは言うまでもなく，当該時代の武士のありようを反映したものであったことがわかる。

具体的な室町幕府の儀礼については，その整備がもっとも進んでいたとみられる1458年（長禄2）〜1466年（文正元）のころが，比較的文献がそろっていてわかりやすい。次ページに掲げた表は，室町幕府の1月の年中行事をまとめたものだ。8代将軍義政期の『慈照院殿年中行事』（「続群書類従」武家部）を基本に，『長禄二年以来申次記』『殿中申次記』『年中定例記』（「群書類従」武家部），

表　室町幕府の1月の年中行事

日	行事	内容
1日	【元旦御礼】 【垸　飯】	諸大名・公家等の将軍参賀 将軍への饗膳の献上
2日	【正月御礼】 【垸　飯】 【御乗馬始】 【六角亭御成】	諸大名・公家等の将軍参賀 将軍への饗膳の献上『長』 将軍の乗馬『長』 将軍と将軍夫人の六角亭訪問『長』
3日	【正月御礼】 【垸　飯】	諸大名・公家等の将軍参賀 将軍への饗膳の献上『長』
4日	【正月御礼】 【伊勢亭御成】 【御風呂始】	諸大名・公家等の将軍参賀（将軍夫人への参賀もある） 将軍の伊勢亭訪問 将軍の入浴（『長』では伊勢亭御謡始，観世による謡あり）
5日	【正月御礼】 【畠山亭御成】	関東衆等の将軍参賀（応仁の乱後は正月4日，将軍夫人への参あり） 将軍の畠山亭訪問（観世による猿楽あり）
7日	【正月御礼】 【垸　飯】 【御内書始】	諸大名・公家等の将軍参賀（将軍夫人への参賀もある） 将軍への饗膳の献上『長』 細川右京大夫への御内書発給
8日	【正月御礼】 【御　加　持】 【御香水献上】	護持僧・法中等の将軍参賀 護持僧による祈禱 八幡善法寺・善法寺社務・因幡堂執行が香水を献上する
10日	【正月御礼】 【白鳥・鮒の献上】 【御参内始】	諸大名・公家等の将軍参賀 京極大膳大夫が白鳥と鮒，関東管領上杉氏の在京雑掌判門田が白鳥を献上する 将軍の朝廷参賀『親』
11日	【正月御礼】 【御普請始】 【御評定始】	伊勢の神官・五山長老等の将軍参賀 畠山が太刀を献上 政務・訴訟に関する評議・裁定始（『恒』に「応仁乱以前之儀也」とある）
12日	【正月御礼】 【斯波亭御成】	宇治衆・仁和寺等の将軍参賀 将軍の斯波亭訪問（観世による猿楽もある）
13日	【正月御礼】 【御　会　始】	賀茂社人・法中等の将軍参賀 幕府での和歌・漢詩・管絃等の宴『親』
14日	【御　一　献】 【左　義　長】 【松　　囃】	平家語り（『対』に「これハ一乱以前之事也」とある，将軍夫人も同席） 火祭り（『対』に「これハ一乱以前之事也」とある，将軍夫人も見物） 観世による囃（将軍夫人も見物）
15日	【正月御礼】 【左　義　長】 【垸　飯】	諸大名・公家等の将軍参賀 火祭り 将軍への饗膳の献上『長』

	【卯杖進上】	大館が卯杖を献上
16日	【正月御礼】 【大般若経転読】	法中等の将軍参賀 『長』
17日	【正月御礼】 【御的始】	石清水八幡宮の将軍参賀 正月の的射『長』
18日	【御的始の御礼】 【鬮的始】 【鹿苑院御成】	射手の衆六人の将軍参賀 賭け的射『長』 将軍の鹿苑院訪問（先祖を弔い，斎・点心を行う）『蔭』
19日	【石清水八幡宮御奉幣】 【正月御礼】 【御連歌始】 【相国寺御成】	『長』 日吉樹下の将軍参賀『長』 幕府での歌会始『蔭』 将軍の相国寺訪問（斎・点心を行う）『蔭』
20日	【正月御礼】 【御加持】 【赤松亭御成】 【普広院御成】	山門行者・使節，伶人等の将軍参賀 山門行者の祈禱（「行者御加持ノ事，応仁乱以後ノ事也」とある） 将軍の赤松亭訪問（『長』に「毎年儀也，但慈照院殿以来無其儀候」とある） 将軍の普広院訪問（先祖を弔い，斎・点心を行う）
22日	【山名亭御成】 【勝定院御成】	将軍の山名亭訪問 将軍の勝定院訪問（先祖を弔い，斎・点心を行う）『蔭』
23日	【正月御礼】 【細川亭御成】	時宗僧の将軍参賀 将軍の細川亭訪問
24日	【等持寺御成】	将軍の等持寺訪問（先祖を弔い，斎・点心を行う）『蔭』
26日	【京極亭御成】 【畠山亭御成】 【政所内評定始】	将軍の京極亭訪問 将軍の畠山亭訪問（「東山御徒（従）以後者，無渡御於諸大名宅云々」とある） 政所における評議始『親』
29日	【等持寺御成】	将軍の等持寺訪問（先祖を弔い，斎・点心を行う）『蔭』

『長』＝『長禄二年以来申次記』　『親』＝『親元日記』　『恒』＝『年中恒例記』
『対』＝『長禄年中御対面日記』　『蔭』＝『蔭涼軒日録』

『年中恒例記』『長禄年中御対面日記』（「続群書類従」武家部），『蔭涼軒日録』『親元日記』『斎藤親基日記』（「続史料大成」）で補足していくと，室町幕府の催事の全体像をほぼ理解することができる。

1月の歳時をながめてみよう。目を引くのは，将軍のもとに武士や寺社が挨拶にいく「御礼」であり，将軍が大名らのもとを訪れる「御成」である。室町幕府の歳事の基礎は，ほぼ1年を通じて繰り返される御礼と御成であった。ともに参集した武士たちと将軍が面会し，時に酒宴があり，観能があり，といった内容だが，ここで気づかれた読者もおられると思う。これは鎌倉幕府儀礼の基盤である，将軍と武士らの間で交わされた対面儀礼が整備されたものであり，さらに，垸飯なのだということに。この御礼と御成を催事の基盤として，その間を埋めるように年頭儀「○○始」が多く行われている。鎌倉時代以来の武家の儀礼観は成長しつつあるということだろうか。18・19日までは御礼ばかりだが，20日以降，御成ばかりになる。室町将軍と幕府要職の武士たちの間は対面儀礼に重きを置いていたことを示している。

以上のような室町幕府の歳時とその儀礼は修正を加えられつつ江戸幕府へと引き継がれていく。余談だが，幕府儀礼は鎌倉・室町・江戸各幕府の儀礼を整理して比較することで，武家社会の儀礼の成立過程が見えてくる。各幕府の儀式・儀礼研究は大きな成果が蓄積され，前進し続けている。ただ，幕府という武士自身の手による，武家社会の象徴ともいえる組織や政治機構全体を通史的に概観し，朝廷貴族社会の儀式・儀礼と対置・比較することにより得られるものは計り知れない。ただ，こうした作業をするには幕府という存在は大きく漠然としている。いくつかのポイントを絞ってのぞむ必要があるだろう。服制もその一つかもしれない。こうしたポイントを絞った小さな研究が蓄積されることで，その成果を比較検討し，共通すること・しないことなどが明らかになってくるとそれは面白いだろうと思う。

この一覧の儀礼が室町幕府を知る手立ての経糸の一つとすれば，緯糸の一つとして幕府内の序列がある。幕府における武士たちの格式と言い換えられる。ただ，その序列は少々複雑である。前代の鎌倉幕府では，①守護や地頭といった幕府の地方支配に力点をおいた職掌，②源家の諸流であるか否か（門葉（もんよう）と呼ばれた人々など，前述），③得宗（とくそう）と呼ばれた執権北条氏（ほうじようし）の嫡流の人々とその被官である身内人，④藤原秀郷（ふじわらのひでさと）の血を引く「秀郷流」の有力武士団，⑤人数的に多いと言えないが官位（将軍と北条氏の一部のみ）というのが主だった幕府内権力と序列の主要素だった。

室町幕府の序列と構造

室町幕府ではいくつもの序列のカテゴリーが存在する。続けて二木謙一氏の研究成果等にもとづきその一部を示してみよう。

A　室町幕府の政治機構では，将軍直属の軍事力であった奉公衆，同じく直属の右筆方とも呼ばれた事務官僚である奉行衆があった。両者は将軍直下の文・武の中心であり，最初にあげるべき幕府内の大きな区分。

B　3代将軍義満期から増えてくるが朝廷の官職を取得した武士たちの官位による序列。

C　幕府から諸国の統治を請け負う守護大名であるか，それとも，直接，幕府に臣従する直勤か否か。

D　また，ひとくちに守護大名とはいっても，幕府の初期より設置されていた要職や将軍麾下の重臣である三職（細川・斯波・畠山）か否か，御相伴衆（義政期に固定：山名・一色・阿波細川・能登畠山・赤松・京極・大内などの家督継承者）・国持衆（国持守護大名）・准国持（外様衆の一部）か否か，番頭（奉公衆のリーダー：一番阿波守，二番桃井，三番上野あるいは畠山播磨守，四番畠山中務家，五番大舘）か否か。

E　各将軍在任時や特定の時期に，何らかの目的や役割のために編成された特別な近習の集団「衆」。御供衆（守護家や足利氏近臣のうちの子弟など）・節朔衆（一色，阿波，小笠原，中条，結城，千秋）・外様衆（守護大名家庶流，鎌倉幕府以来の有力地頭御家人の子孫か）・惣番衆・奉行衆・評定衆・走衆か否か，足利氏一門，足利氏と姻戚関係のある家々（吉良・石橋・仁木・上杉など）。

上記のように多岐にわたる。

平安貴族社会の場合は位階制度を経糸に，天皇との親疎などを緯糸として，序列が構成されていたし，服制もこれに沿ったわりとシンプルなものだった。しかし，幕府武家社会の場合，序列の基準は多岐にわたり，将軍ごとに制度的推移があり，時期的変遷があり，非常に細かく複雑な印象を抱かざるを得ない。ひとめ見て，複雑な機構の幕府内では服や服装などによる明確な視覚指標化が可能なのだろうか。次章では室町幕府における武士たちの共有していた服装の制度について検討する。

第３章　直垂とその周囲

直垂の第一段階の変化は，鎌倉時代末期の14世紀頃からはじまり，室町時代，15世紀中頃には定着するが，武士の服装とその習慣をととのえ，制度化したのは室町幕府だったようだ。ここでは室町〜戦国時代の武士たちの服装をながめておこう。

室町幕府服制

室町幕府の服制を見渡すと，第1章でみたように，直垂系の服と服装が主役である。大紋，素襖と枝葉を広げた直垂が，室町幕府服制のなかで公的な場における権威の目に見えるかたちとして機能するのは，15世紀半ばから16世紀半ばまでが最盛期であった。というのも，1467年（応仁元）〜1477年（文明9），約10年間にもおよぶ応仁・文明の乱が起きたからだった。この乱では，有力守護大名であった細川・畠山氏の対立に端を発し，幕府そのものが東西に分かれて覇権を争い，京都は戦場となり灰燼に帰した。また，この長期間の戦乱は幕府の地方支配を瓦解させてしまった。結果的に，幕府の軍事力はきわめて小さなものとなり，幕府の所領紛争などの解決能力を無効に近い状態にまで追い込んでしまった。そして同時に幕府の儀式・儀礼にも大きな影響を与えた。前掲の室町幕府1月の歳時のなかにも「応仁の乱までは」「応仁の乱以後は」という注意書きが多数ある。応仁・文明の乱，すなわち15世紀末を境に室町幕府の儀式・儀礼が大きく変わったことを意味している。このことが室町幕府服制にも何らかの影響を与えたことが予測される。では順番として，まず，応仁・文明の乱以前の服制を，直垂を通じて見渡してみよう。

室町幕府期の直垂

応仁・文明の乱以前の服制は，基本的に鎌倉時代末期以来の服制や服装習慣の延長線上にあり，その整備がすすめられたと理解していい。簡単に図示すると図44のようになる。

礼装	直垂
正装	大紋
正装／日常	素襖
日常	小袖

図44　室町幕府15世紀なかばの服制概念図

通説的には，礼装である直垂を最上位として大紋を正装，素襖を日常着とする。正確に言えば，大紋は正装のうちでも晴儀，素襖は略儀の使用だった。その素襖も幕府内，武家社会内では下位の者の正装だが，日常でも着用されることが多いのでここにおいた。そして小袖に袴を加えた日常の装いがある。この大きな骨組みともいえる服制の基盤をもとに細則をつけていった。

さて，最初に室町幕府の服制において正装に位置づけられた直垂についてみてみよう。

直垂は，風折・立烏帽子での使用が多く，室町期では絹地裏打ち（袷の仕立て）で，胸紐や袖の露は緒で，腰帯は白であった。また，直垂姿では裸足を常とした（なお，元来古代から中世の文献史料において，武士の履物の有無や種類などは記述が少ない）。さて，直垂は表地に裏地を重ねる袷の仕立てであったことから，「裏打ち」と言い換えられている例が非常に多い。したがって「裏打ち上下」とか，絹製であることから「織物上下」と記され，単に「上下」と省略されることも少なくない。上衣と袴が共裂など同じ生地であることからの呼称だろう。どうやら「かみしも」という表現には「上衣と袴がそろった」という意味があり，転じて，正装の意味をも持つようになったようだ。直垂系列の服と服装，大紋をのぞいて同じような呼称の習慣が見いだせる。これは平安時代の朝廷貴族社会の服装にもあったので，これを引き継いだのかもしれない。

室町幕府に属性をもつ武士たちの間で直垂はどのような位置づけであったか。それは他の服との使用区分とも言い換えられるだろう。まず，直垂と周辺の服装の使用区分について，室町時代中期の朝廷の官僚であった中原康富（1399-1457）の日記『康富記』文安6年（宝徳元／1449）4月27日条には興味深い記述がある。

> 大内出仕事（中略）是日午剋大内出仕申。廿日自九州令上洛，武家御元服之御礼也。（中略）出仕之儀。浅黄之直垂也。乗馬。召具騎馬十人云々。其後諸大名方ニ令行云々。其時はスワウ・ハカマ也云々。

守護大名で周防・長門・筑前・豊前・肥前守護をつとめる大内氏第13代当

主であった教弘（1420–1465）が領国から上洛した。4月27日，教弘は足利義成（のちの室町幕府8代将軍義政）の元服の御礼のために幕府に出仕した。そのときの服装は浅黄色の直垂姿だった。しかし，その後，同じく上洛していたであろう諸大名のもとに行ったときは「スワウハカマ（素襖・袴）」姿であったという。教弘は訪問先・訪問の理由から直垂と素襖を使い分けたことがわかる。将軍の元服御礼は教弘にとって，あらゆる面で厳儀であり，礼を尽くし，その結果が直垂姿であったのだから，直垂姿は礼装もしくは正装であったということになる。素襖はどうだろう。教弘にとって守護大名という同じ立場（序列）にあった者と面会するにあたって素襖姿にあらためたことになる。礼を尽くすレベルとして直垂よりは度合いが下がるといえるだろう。この史料から，直垂は素襖よりも厳粛・厳格な儀礼に着る，非常に公性の強い，いわゆる礼装であったことがわかり，さらに素襖は，直垂よりも公性は低く設定されたいたことが知られる。類似する内容の記述はいくつかあるが，素襖の公性の低さは直垂との比較においての話で，その実，同じような社会的な位置づけの人々の前で用いる，礼を失しない程度の「正装」にもなりえたようだ。

同じく『康富記』の同年8月28日条には，将軍に任ぜられた義政の御参内始の記事がある。その中で直垂と素襖の使用区分が記されている。参内に際して義政は衣冠姿で八葉牛車に乗った。その路次の供奉において，騎馬10騎を従えた管領細川勝元は浅黄色の直垂に大帷を襲ね，続く将軍とその御所警備にあたった小侍所に属する右馬助で勝元実弟の成賢も同じく直垂姿で5騎を従えた。さらに幕府の文官・奉行衆の布施民部大夫貞基と同じく飯尾左衛門大夫為敷も直垂姿だった。将軍義政の乗る牛車の後方には将軍の身辺警護をつとめる近習の若衆（若者）10人が徒歩で続き，その服装は「常上下着」で素襖を指している。直垂が装飾性を肥大させていったのに対し，直垂本来の作業着としての必要性から本質を受け継いだ布製の素襖は，やはり実用的な服であるということなのだろう。武士本来の役割，すなわち武芸の能力を発揮しなくてはならない場にあっては，あるいはそうした場面での活躍を要求されるような立場の武士たちは，直垂の本来の機能を継承した素襖を着なくてはならなかった，務まらなかったということになる。なお，本来の実用的な場で用いる素襖はバリエーションのひとつに袖幅を細目に仕立て，袴を踝までとした，さらに実用性に富み，むしろ前代の袖細直垂に近いような小素襖というものも使われた。

直垂の色

ところで，前掲『宗五大草紙』の文中，武士が着る直垂の色については「あさぎ」とあった。少なくとも室町幕府に何らかの属性をもつ武士たちの幕府出仕のような公的な場での直垂の色は薄い青色，見た目としては水色のような「浅葱」色であった。この「あさぎ」色は，若いときは濃く，年を重ねるごとに薄くなっていったことがいくつかの文献からわかる。

戦国大名で室町幕府摂津国守護代をつとめた三好長慶（みよしながよし）（1522–1564）の大徳寺（だいとくじ）・聚光院（じゅこういん）所蔵の肖像画もこの「あさぎ」色の大紋でその姿が包み込まれて描かれる。長慶は室町幕府の管領に次ぐ重職であった相伴衆（しょうばんしゅう）であった。この肖像画は絹本著色，笑嶺宗訢賛，1566年（永禄9）の作で，長慶の社会的な地位を全面に押し出している姿と解される。なお大紋に配された桐紋は，1561年（永禄4）に足利義輝（あしかがよしてる）から使用を許された。幕府相伴衆らしい「あさぎ」の大紋姿となっている。そのほかの色については着用者の自由裁量であったようだ。また同書では浅黄色の地色に紋を刺繡するとある。必ずしも無地であったわけではなかった。そうはいっても，着る者の良識的な判断として，極彩色や原色系のカラフルで派手な直垂を着ることはなかっただろう。なお室町将軍の直垂の色・素材・染め方ということでは，同じく「公方さま御ひたゝれの色。こう（香）・むらさき（紫）・くちば（朽ち葉）以下，不定候。但正月ハしろきをめされ候。高倉殿より調進候。（下略）」とある。褐色系の薄い黄土のような「香」色，さらにその色目（いろめ）を濃くした「朽ち葉」色，そして「紫」色など，やはり非常に落ち着いていて上品な色使いの直垂を着ていた印象を得る。また，同書には「公方様御服と申ハ，織物［色・御紋不定。］白きあや又ハ綾つむぎを地を色々に染。御紋むらさきなどに付候（下略）」ともあり，直垂の素材は白の綾，あるいは綾の紬（つむぎ）として，さまざまな色合いで染め，紋様を紫ほかの色で染めつけていたこともわかる。染織でいうところの「二重染め」の技法である。

直垂について興味深いのは，白の直垂は祝儀のための服であったことだ。『慈照院殿年中行事』によれば，室町幕府の歳事において，正月1日，将軍は風折烏帽子に白の唐織物（からおりもの）の直垂を着て，御礼に参上した人々と面会した。つまり白の直垂上下は室町将軍にとって，最高位の礼装ということになるだろう。1月中，将軍は正装としてこの白い直垂を着続けた。2月に入ると立烏帽子の使用は明記されるが，直垂の記述はない。色や素材は前掲「香」色以下の色を選び，比較的自由であったと理解してもよかろう。それでも当時の武士たちの装いの感覚として，若いときの色は濃く，年を重ねていくごとに薄めの色とする習慣であったし，これは将軍も例外ではなかろう。

天文年間（1532–1555）以降，遠くない時期の作とみられる，京都府の若宮八幡宮（わかみやはちまんぐう）には『足利将軍若宮八幡宮参詣絵巻』と呼ばれる絵巻物が所蔵されている。若宮八幡宮は六条八幡（ろくじょうはちまん），左女牛（さめうし）八幡とも呼ばれ，三条坊門（さんじょうぼうもん）八幡宮，丹波篠村（しのむら）八幡宮とともに室町幕府と室町将軍の深い崇敬をうけていた。1605年（慶長10）に，京都市内の東山区五条橋東の現在地に移転している。本来は，前九年の役などで功績のあった河内源氏（かわちげんじ）の源頼義（みなもとのよりよし）（988–1075）の邸宅内の左女牛西洞院にあった源氏との縁の深い神社である。室町幕府の八幡宮への信仰は有名で，石清水八幡宮（いわしみずはちまんぐう）をはじめとして本社も将軍の度重なる参詣を受けている。この絵巻物には，室町将軍が本社に参詣する様子がしっかりとした彩色でていねいに描かれている。筆者の興味で言うと，室町将軍の神社参詣時の服装や乗り物，そして先ほどから述べている将軍の近習の武士たちの姿，とくに，彼ら近習の武士にとって公的な場での装いが描かれているのである。室町将軍の神社参詣絵図としては，おそらく唯一無二の作例であろう。また，その画面は，室町将軍の外行とその路次次第（将軍に供奉する行列の人員構成や行列の組み方）の様子，室町将軍の身辺警護の武士たちを描く，稀有の作例と言っておきたい。

この絵巻物には2種類の将軍の参詣の場面が描かれている（図45）。一つは街から社頭に到着した将軍一行の姿，もう一つは境内での将軍一行の姿で，路次次第を詳細に観察すると服装などから文明～永正年間の将軍義政～義稙（よしたね）期（1449–1521）のものが描かれていると考えられている。

室町幕府の武士の直垂

上記の『足利将軍若宮八幡宮参詣絵巻』には，立烏帽子に薄い青色で塗られた直垂姿の人物が描かれている。この人物は神社参詣なので立烏帽子に狩衣姿の将軍とともに，一人，わりと目立って描かれている。周囲の人々に紛れない

図45　2場面に描かれた管領の直垂姿　『足利将軍若宮八幡宮参詣絵巻』　京都市若宮八幡宮社所蔵

原図の中央の人物が着る直垂は薄い青である「浅黄色」で彩色されている。管領クラスの武士なのだが，立烏帽子・狩衣姿の将軍に近侍する体で描かれている。

で目立って描かれているように思える。おそらくは室町幕府の要職である管領の細川氏の誰かと考えられているが，この人物の姿こそ，前掲の「あさぎ」色の直垂姿とみていいだろう。

なお，著者不明の16世紀半ばころの成立とみられる『年中恒例記』という武家儀礼や歳事に関する文献でも，幕府出仕の武士たちについて，正月三が日は直垂に大口袴（おおくちばかま）としている。大口袴とは，本来，平安貴族社会で用いられていた裾口の大きな袴の総称だが，狭義には貴族男性の正装であった束帯姿の時に用いる下袴（したのはかま）の呼称だ。『年中恒例記』の記事は，将軍との対面儀礼を基本に置く鎌倉幕府以来の武家儀礼において，主人である将軍と同程度の装いをして，出仕の武士たちも威儀をただしていたのは現代人のわれわれでも理解できる。正月三が日を過ぎると，室町将軍に臣従する武士たちも同じように三が日よりは装いの程度をさげていくのだろう。

室町幕府期，この大口袴を正装である直垂に用いるようになる。鎌倉時代の末期からとされるが，袴の背中側を厚手の精好（せいごう）と呼ばれる生地で仕立てることが流行した。織り方が緻密で張りがあり，しかも艶があるので華やかで美しい生地の精好を厚めに織り出した生地（大精好とも）を用いているので，後腰が左右に張り出してみえるものだった。この上に直垂の袴をはく。さきほどご覧いただいた図41「足利義教像」や図42「北条氏康像」にも腰の後ろのあたりに白い半月のようなものが描かれているが，これが大口袴の一部で，「後張（うしろばり）」の大口と呼ばれて武士の正装のなかに定着していった。現在の能装束（のうしょうぞく）にもその遺制が伝えられているので，「ああ，あれか」と納得される方もいるかもしれない。前にもとりあげた『建武式目』追加法『式目追加』所載の貞治6年（1367）12月29日付「禁制條々」では，すでにご覧いただいた部分も含め「精好大口，織物小袖，不可着（きるべからず）」が，下級武士らが身にまとうには分限が過ぎる・奢侈であると定めたものとして理解され，さらに言えば，着やすさとかといった実用上の要求から生まれたものではなく，やはり自己顕示の目的の装飾の意味合いもあったことがわかる。前述のように直垂が正装となる過程で，布製単衣ものの大紋や素襖が分化していくのと同期しつつ，直垂と直垂姿を構成する個々の衣服も装飾性を強めていった。決して目に見えるうわべだけではなく，ともに着込む服にいたるまで武士たちは気にかけるようになったということなのだろう。

直垂を着る公家・貴族

室町幕府期になると直垂の使用者は思わぬ広がりをみせる。なんと，武士ばかりか貴族たちも直垂系統の服を着る記事が散見されるようになる。たとえば，15世紀後半の作とみられる作者不明の『奉公覚悟之事』という文献には次のようにある。

一，武家のひたゝれはうら打ちたるべし。公家ハ一重かさねひたゝれ也

武家が用いる直垂とは裏地をともなう袷の仕立てで，公家の用いる直垂は裏地のない単衣ものの仕立てであったという。『宗五大草紙』「衣装の事」にも「一，ひたゝれの染様。公家のめし候一重ひたゝれハ，くろくもふたえ物もよく候。武家に着候うら打ハ，たゞあさぎ紋を縫め付たるが能候由いにしへより申伝候。」とある。記事そのものは直垂の色に関するものだが，公家（貴族）が着る裏地の無い直垂とは，大紋直垂をさしている（大紋直垂については後述しよう）。これは黒でも二重染め（一色で染めたあとで，さらにもう一色を用いて文様などを染める技法）でもよい，とする。

貴族層の直垂使用は15世紀ころから文献史料中にかなりの例が見られるもので，公的な場でも用いられたが，特に幕府方の儀式・儀礼に参加するときの使用が多かった。貴族本来の盤領系の束帯や衣冠，直衣を最上位の礼・正装とすれば，直垂は略儀の正装の一種と理解されていたということだろうか。ちょっと前の鎌倉時代まで，貴族が蔑んでいた武家の服装を着るなんてことはあり得なかっただろう。しかし，今度の室町幕府は朝廷と同じ都のなかに隣り合うように存在していた。鎌倉時代に比べれば貴族と武家の距離は存外近づいていた。朝廷の官・職を与えられた武士も増えてくるなか，さまざまな面で生活や習俗の合流現象が起きていたことを示している。

室町時代の朝廷の官位をもっている武士たちの肖像画のうち，盤領系の服を着たものはたくさん残っている。たとえば室町幕府将軍足利義教や義輝（よしてる）は，貴族風の盤領系の束帯像と垂領（たりくび）系の直垂像，いずれも残している。しかし，直垂を着た貴族の肖像画はめったにないところをみると，当の貴族側は直垂の使用をこころよく思っていなかったのかもしれない。朝廷の官職をもつ武士たちは，朝儀の際には朝廷の正装である束帯や衣冠などに身を包み参朝した。前出の

『年中恒例記』には好例が記されている。室町将軍が天皇のいる内裏へ参内した際に，長橋殿という殿舎までは立烏帽子・直垂姿で赴き，そこで貴族の着る衣冠という服装に着替えた。そして天皇の御前に，という段取りだった。

貴族の大紋着用のきっかけだが，第3代将軍足利義満（1358–1408，将軍在職は1368–1394）のころからだったと伝える文献がある。室町時代後期の貴族・三条西実枝（1511–1579）による儀式儀礼や有識故実について記された『三内口決』には詳しい。興味深いことがいくつも述べられているので箇条書きで示したい。

①同書が記された当時，四位・五位の諸大夫より上位者は絹直垂を用いた。

②鹿苑院義満は昵近の人々に布直垂を配布した。貴族の諸家はこれを用いたが，まったく貴族本来の扱いではない。

③三条西家もこれにならったが，大臣家の家格の貴族は絹を用いた。

④当時，同家の始祖である公時（1339–1383）は大臣家の家格へとなりつつあり，通常の祇候のときは絹の直垂だったが，将軍と入魂の間柄であったので，布直垂の使用は内々の私用時のみの着用としていただいていた。

⑤その後同家公条（1487–1563）が内大臣になったころ（1542年（天文11））からは，布直垂はやめて絹の直垂のみを着ることとなった。

⑥なお，貴族においては，諸大夫の家柄であっても，16歳までは白の絹直垂というしきたりであった。

貴族の布直垂着用の経緯や時期が知られ，とても興味深い内容である。しかし，おどろくことは，貴族の直垂着用が意外に早い時期からであったことだ。3代将軍義満時，室町幕府の権力は非常に増大し，また南北に分かれた朝廷も一つに戻った。とくに義満は幕府直属の軍事力の強化と整備に力を注ぎ，なかでも奉公衆はその象徴だった。室町将軍の足元の整備に重点を置くなか，貴族らの対応にも力を入れていた。その一方で，室町幕府や将軍家における特殊な役割を果たしている貴族たちがいたことも忘れてはならない。

室町将軍家家礼の直垂使用

さらにもう一歩，貴族の直垂使用について踏み込んでみてみよう。義満が将軍に叙任されると，何人かの貴族たちが従者として同家に参仕するようになる。これを「家礼」と呼んだ。「貴族が貴族の家に？」と思われる向きもあるだろう。これは中流以下の貴族が，上位の貴族と主従の関係を結ぶものであった。足利義満は将軍に叙任後，貴族の一員として，貴族と主従関係を結び家礼とした。義満は家礼の昇進に口ぞえし，在地にあった家礼たちの所領を武士らの略奪や横暴などから安堵（あんど）するなど，さまざまに保護した。家礼には室町幕府政庁であった花御所（はなのごしょ）への来客の申次（もうしつぎ）をおこない，天皇や院，寺社との間に入り仲介する連絡役である伝奏（てんそう）を務める者もいた。彼らは朝廷に奉仕し朝儀に参加するときは束帯を正装とし，狩衣などの盤領系の服装を身につけたが，室町将軍家の申次や伝奏としての奉仕では直垂を着用した。とくに後者の伝奏は朝廷や院，寺社との仲介者としての職務につく重要な役回りであった。前掲図40の『洛中洛外図模本』（東博模本）に描かれた武士の一団の先頭の風折烏帽子に直垂の二人はここで紹介している家礼なのではないかと思う。彼らは武士の一団の来訪を将軍に取り次ぎ，建物内に先導していくのだろう。

家礼の直垂着用は幕府への奉仕であることの視覚指標化と考えられるが，どうも将軍家の指示であったようだ。家礼をつとめたのは，万里小路（までのこうじ），広橋，勧修寺（かじゅうじ），広橋，三条西，高倉，中山，松木，月輪，烏丸（からすま），白川，裏松といった貴族家であったが，全貌はまだよくわからない。興味深いことに，家礼同士であっても三位・参議以上の者は直垂姿であったのに対し四位・五位の殿上人は狩衣だった。院政期の武士と直垂・水干の関係のまったく逆のことがおきていたことになる。室町将軍家に臣従している高位の家礼は自己顕示の意味もあってのことなのだろうが，直垂を自らの立場の視覚指標として権威化しているのはなんとも皮肉なことだ。公武両者の立場の逆転を象徴する。驚きを禁じえないことだ。

直垂については，もっとたくさんのことがわかるのだが，これくらいにしておきたい。筆者としても，ここで次の大紋や素襖の話に移らないと止めどもなく書き連ねていきそうだ。室町時代は平安・鎌倉時代に比べれば現代に伝わる史料も多くなる。さらに武士が自らのことを自在に書き記すようになる。武士が自らの儀礼観や服の意味，服制と序列などについて，自分たちの尺度・ものさしで考え，決めていたことを伝えておこうとする意志が明確にあったということだろう。これまで引用してきた文献類を見るとわかるように，公的な文献もあれば個人の備忘，現状を把握し記し留めておこうとする記録，後人への配慮など，さまざまな動機で書かれている。武士という身分を考える上で，実に興味深い側面が読み取れる。

第４章　大紋・素襖，肩衣・胴服

直垂から派生した衣服

第３部冒頭でも大紋と素襖について触れたが，本章ではいま少し，深く，この服装を見ておきたい。

大紋と素襖は，鎌倉時代，直垂が絹製の上等な正装へと変化していくなかで，作業着・日常着としての本来の機能を維持した「布直垂」と呼ばれたものが基盤にあった。したがって大紋と素襖の最大の特色は，素材としては布製であったこと，仕立てとしては裏地のない単衣ものであったこと，儀礼的には，布直垂の準正装としての使用を引き継いだものが大紋，それ以外の日常や作業などに用いることを引きついだものが素襖であると考えることができる。その差異は，緒所の緒の種類や袴の帯などによって視覚化される。私見も交えていうなら，大紋と素襖は組み合わせて考えるべきものだという印象が強い。直垂は別格，大紋と素襖は一組のものだと考えるほうが実用の場においても合理的とはいえないであろうか。

大紋（大紋直垂）

大紋は，侍烏帽子の併用が多かった。部位の形状は直垂と全く同一であったが，布地で，裏地をつけない単の仕立てだった。上着の，左右身頃の袖付けに各一，左右袖の中央部の奥袖・鰭袖(はたそで)引き合わせ（つなぎ目）に各一，背縫に一，袴の左右の前，膝の上あたりに各一，相引(あいびき)と呼ばれる袴両脇の前後の縫い合わせた部分に各一，大きな定紋を配置した。胸紐や袖の露は丸打ちの緒で，腰紐は白。韋足袋(かわたび)を併用することがあった。史料中には「大紋」「大紋直垂」と記されることも多いが，「一重直垂（ひたゝれ）」とあることも少なくない。先ほど見た，『奉公覚悟之事』での貴族の直垂使用のところでの引用がいい例だろう。室町時代末期の貴族で服や服装，有識故実に造詣の深かった三条西実隆(さんじようにしさねたか)（1455–1537）は『装束抄』という史料で「布直垂ハ諸大夫着ス・是ヲ俗ニ大紋ト云。大キナル紋付タルニヨリテ云カ」とする。つまり，公武ともに諸大夫とは朝廷の位階制度における五位の者をさす呼び名だった。決して高い身分とはいえない。大紋は五位相当の立場にあった武士たちの正装ということになる。大きな紋をつけているから大紋という名称らしいといっているが，考えてみると鎌倉時代から『蒙古襲来絵巻』などには大きな文様を配した直垂姿が描かれていた。単純な大柄な文様とも理解できるし，あるいはすでに鎌倉時代末期の時点で個人や家の標識のようなメッセージ性をもっているのかもしれないが確かなことはわからない。

元来，大紋という呼称のいわれは，武士の家々や特定個人の定紋，すなわち後世にいう「家紋」「定紋」のような文様を記号として上着と袴に配したからだといわれている。実隆も同様のことを言っており，そのとおりだと思う。あらためて考えてみると，鎌倉時代，直垂に配された大きな文様は戦国時代前後になると武士たちの定紋となりはじめる。定紋とは家々で個々に定まっていた紋，すなわち家紋をさす。ただ，定紋は17世紀に入り，今でいう家紋として一つの紋に固定化していくが，17世紀以前はいまひとつ定まらない。家紋もあれば個人の紋もあり，軍陣における個人の標識や自らの所有物に配する紋の意味が大きい。こうしたことは肖像画をみると顕著で，同じ家なのに連続する数代の像主の定紋がすべて異なっていたりする。戦国時代に入り，武士たちの軍陣での行動の増化や，規模の大きな戦争への動員は，家とその棟梁（とうりょう）である武士個人の敵味方の識別などをきっかけとして定紋の固定化を促したことだろう。旗印などへ定紋を用いなくてはならないような状況がいや増しに増した，と理解することもできるだろう。

また，南北朝期の武士の風俗に詳しい『太平記（たいへいき）』巻四十所載の貞治6年(1367) 3月18日におこなわれた中殿御会（ちゅうでんぎょかい）では，参会した武士たちは思い思いのかなり瀟洒な直垂姿であったことを伝える。そのなかには，「伊勢七郎左衛門貞行，地白の直垂に，金薄にて村蝶を押て」「本間左衛門太郎義景，地白紫の片身易（かたみがわり）の直垂に金銀の薄にて十六目結を押」「粟飯原弾正左衛門尉詮胤，地（ぢ）黄莨（かりやす）に銀泥（ぎんでい）にて水を書，金泥（きんでい）にて鶏冠木（かえで）を書たる直垂に」などの描写がある。直垂には装飾としての大きな文様を配する習慣があり，これは直垂系の服全般に普遍して考えていいようだ。さまざまな仕様・調整法による文様を，上衣と袴の布地と布地の接ぎ目に配した補強用の菊綴(きくとじ)を中心に配したものが「大紋直垂」という程度の理解でいいのだろう。いずれにしろ，直垂系の服に古代以来の吉祥(きっしょう)文様や個人や家のゆかりの記号としての文様を大きく染め抜き，あるいは豹文(ひょうもん)と呼ばれる3色以上の色糸による刺繡を用いた華やかなものだった。

大紋と併存する布製の直垂

実隆は，大紋は大きな文様の布直垂といっているが，ここで見落としがちなのは，大紋ではない布直垂の存在ではないだろうか。それがなければあえて大紋という呼称は生まれないからだ。おそらく無地や小紋の総模様(そうもよう)の布直垂あっての大紋ということになるだろう。したがって，無地や小紋の総模様の布直垂とは後述する素襖と考えざるを得ない。

素襖は大紋と同じく布製の直垂の一種だが，大紋よりも日常性が高く，大紋よりも儀式・儀礼における公性は低い。無地が原則で，総文様の小紋までであった。官位をもっていた武士で言えば諸大夫よりも下位の武士の正装ということになるだろう。しかし諸大夫で大紋を正装とする者も日常は素襖を着ていた。

前掲『康富記』文安6年（宝徳元／1449）年4月27日条の大内教弘(おおうちのりひろ)の例からもわかるように，直垂を礼装とするような守護大名クラスの武士でも日常では素襖姿であった。おそらくは室町幕府の決めた儀礼観に沿って直垂を礼装としているのだが，室町幕府と直接の主従関係を結んだ守護大名や将軍近臣らにとって，直垂を身に着けて公の場に出るということは幕府の秩序への恭順を示したことになる。

しかし，京都にのぼり，幕府に出仕するような立場にいなかった在地の武士らにとって，直垂は意外に縁遠いものであったのかもしれない。素襖を基準に，礼・正装としての大紋という組み合わせが一般的であったと考えざるを得ない。とりわけ戦国期，在地で力をふるっていた国衆と呼ばれる武士らなども同じような考えであった可能性がきわめて高い。身近な布で作られた服のほうが親しみのあったことであろうが，それ以上に安価でたやすく入手できることも大きかったのではないだろうか。

常々考えることなのだが，武士の正装としての頂点は直垂だが，次位の大紋はやや影がうすいイメージがある。文献史料に記載はあるのだが，その下位の素襖に比べるとなんとなく際立って見えないのだ。これは研究者個々の心象的な部分もあるのだろうが，あくまでも筆者にはそう見える。確たる理由にたどり着いてはいないのだが，単純に，在京の諸大夫相当の武士や，在地の武士たちの日常の服や服制に関する文献史料が少ないからかもしれない。

素襖（素襖直垂）

鎌倉・室町時代，直垂が絹製になり装飾性が加味されて礼装になる一方で，依然として本来の機能を有した直垂があった。それが，作業着・日常着としての素襖である。前代の布直垂が素襖であり，袖細の直系の子孫が素襖，ということになるであろうか。大紋と対をなすであろう素襖直垂である。概して，その用途は作業や日常，騎馬や徒歩など，運動時の着用例が多く，直垂の礼・正装化にともない，直垂本来の役割を負ったようだ。着用者も武士としては比較的下位の者が中心であったことも指摘できる。

素襖直垂の特徴は，烏帽子類の着用例もあるが，なにより，他の直垂・大紋直垂と異なるのは何も冠帽具を被らない露頂での使用例が非常に多いことだろう。なお，仕立てや形状は大紋直垂と変わらない。素材も麻などの布地で，裏地の無い簡素な単の仕立てだった。ただ，紋様として，いわゆる小紋や無地が多い。直垂・大紋直垂と違うのは，胸紐や袖の露が皮緒であったことと，腰帯が服と同じ布製の共裂（共柄）だったことだ。また韋足袋を併用することがある。

布直垂が素襖と呼ばれるようになった時期ははっきりしない。江戸時代の故実家であり，先祖は室町幕府儀礼を支えていた名家である伊勢氏の子孫に当たる伊勢貞丈（1717-1784）『貞丈雑記』（貞丈の草稿本を江戸時代末期に校訂して公刊された）では，鎌倉時代以前はその名前を見聞できないとしている。筆者の調査結果も同じで，やはり素襖は南北朝期に入ってから生まれた名称だと思う。1391年（明徳2）に起きた明徳の乱を題材とする同時期の軍記物『明徳記』には「御馬廻も皆々折烏帽子にすはう袴なり」とあるので，当該期，布直垂を素襖と呼称していたことは明らかであろう。なお「巡方」とか「素袍」の文字を与えられることもある。前者は発音，後者は意味と発音による文字だが，いずれにしろ，武士たちの間で広く使われていたことの証かもしれない。儀礼観の上で考えると，やはり直垂や大紋から一段下がるようで，たとえば室町時代の14世紀末〜15世紀の作ともいわれる武家故実書『京極大草紙（きょうごくおおぞうし）』によれば，

> 御供之出立は烏帽子すわうはかまなり。但烏帽子きさる時は髪をちやせんにゆふなり。又こし当をして下緒（さげお）をとめ，もゝたちを取て，きやはんをするなり。

とあり，室町将軍出行時の供奉の武士たちの服装として規定されている。烏帽子を被るか，茶筅髷（ちゃせんまげ）か，選択の余地があるのは，時代性半分，規定の緩やかさ半分というところだろう。素襖の融通性ある使い方がうかがわれ，非常に興味深い。このほかにも素襖は袴や袖の丈を小ぶりに仕立てた小素襖と呼ばれたものがあり，小改造を加えられつつ広く用いられたようだ。素襖は儀礼的には室町幕府服制の正装において最下位に位置するが，武士にとってその有用性は明確に理解されていたようだ。直垂の本来的機能や柔軟性のある運用，と言い換えたほうがいいかもしれない。というのも，素襖はこののち，意外な服へと変貌を遂げるからだ。

第3部の最初に述べたように，直垂・大紋・素襖は服そのものや合わせる装身具などに相違点があり，区別が可能となっている。しかし，果たして，どこまでこれほど明確に区別して定義できるのか，筆者自身，懐疑的な部分もある。直垂と大紋・素襖とは，使用する状況・場に制度的な縛りがあったであろう。しかし，絹製の直垂は別格として，大紋と素襖はともに布地で，かたちもほぼ同じ，着装法も同じであった。相違点よりも共通点の方が多い大紋と素襖には，おそらくどちらともいえないような，上衣は大紋，袴は素襖のような中途半端な着方などもあったのだと思う。あるいは緒が革製の大紋もあったようだ。大紋は布製・単衣ものであったという点，これらは素襖と同じで，直垂の次位なのか，それとも晴れの度合いの強いところで着るべき素襖なのか。明快に区別しきれない部分がある。室町幕府の服制の基本を考える上で興味深い。

一部の例外はあるが，礼を尽くす公服は直垂，という点は臣下も同じ考え方だった。結局，直垂形式の大紋や素襖をふくめて考えると，中世の服装感覚では，絹製（の袷）か否か，ということが一つの基準であったのだろう。大紋と素襖の表裏一体の利便性こそが，作業服・日常服に起源を持つ直垂系の服の本領といってもいいだろう。

肩衣の出現

15世紀，室町時代も後半にさしかかると，直垂系の服装は大きな転機を迎える。武士がみずから創出した直垂系装束は大きく変化する。

肩衣，という服がある。演劇や映画などでは「天正裃（てんしょうかみしも）」と呼ぶこの服は，近世期の武士のトレードマークともいえる正装「裃」の起源だ。テレビドラマなどで目にする近世的な武士の姿がここに芽生えつつあった。興味深いのは，肩衣が前述の大紋や素襖から生み出された，ということだ。

肩衣は本来，略装ともいえるものだったようだが，誕生の経緯はいまひとつよくわからない。正装をするべき場所や空間で，特別な事情により許される身なり，と言うことが可能で，直垂などと同じように，状況に臨機応変に対応するなかで生みだされたものと推定される。15世紀前半よりごく断片的ながら史料に現れる。しかし平時の使用例よりも戦陣や戦時下などの非日常的な状態での例がきわめて多いのが特徴である。そういった場での使用が当時の人々には特異に見えたからだろう。15世紀においては武士が私邸などにおける日常使用の服装であったことが推測される。「戦時下」といった特殊な状況下では袖がないことなど，動きやすさ，着やすさで多用され，広まっていったと理解される。やがて，室町幕府の正装（公服）になるのは16世紀前半頃。いわゆる戦国時代になり，常に戦時下の状態となってしまったことが背景にあると推測される。少しだけ肩衣の周囲をのぞいてみよう。

袖を持たない服は，平安時代末期から鎌倉時代の絵巻物などに描かれている。たとえばわずかな例だが袖無（そでなし）という服があった。袖の無い身頃だけの服装は庶民の労働着や日常着，あるいは子供の身なりとして平安時代末期の『信貴山縁起絵巻（しぎさんえんぎえまき）』『扇面法華経下絵（せんめんほけきょうしたえ）』といった絵画史料以来しばしばみかける。説話文学などにも「てなし」という呼称の服の記載がある。庶民を中心に労働や日常着として袖の無い服が使われていたのは確かだが，それがここでいう肩衣の起源かどうかはわからない。ただ，こうした袖の無い服というものが日本人の服飾文化に存在していて，なじみのあるものだったということだろう。このことが肩衣のような袖の無い衣服の誕生の基盤にある。

史料からみると，肩衣と思しき衣服の最古に近い例として，南北朝から室町時代のはじめの貴族であった山科教言（1328–1410）の日記，『教言卿記』応永14年（1407）9月9日条がある。室町幕府第3代将軍であった足利義満が「御袖ナシ」という服を着て参内した記事がある。天皇の御前に袖のない衣服をまとってあらわれたとはどういう意味なのか。何の意図があったのかははかりかねるものがある。これ以後，しばらく袖の無い衣服の記事はみえず，鎌倉公方であった足利成氏のころの鎌倉府の儀式や服装にくわしい『殿中以下年中行事』には出陣のいでたちとして「金襴ノ御肩衣」とある。個人的な感想で根拠は無いが，これらの記事に見られる「御袖ナシ」「御肩衣」とは，裃の起源である肩衣とはどうも異なるもののような気がする。さっと羽織る上着，上っ張りのような印象をうける。

肩衣を使う「状況」

さて，こののち，15世紀後半以降，肩衣の文字は文献上で頻繁に見ることができるようになる。日記類や武家故実関係の文献類では，肩衣が軍陣や出行などの状況での使用例が多いようだが，時代は1467年（応仁元）〜1477年（文明9）にかけておきた中世でも最大規模での内乱期であった。室町幕府内の権力闘争で，同幕府の全国支配が崩れた。そのためか足利将軍の肩衣姿が多くの日記に見られる。おそらくは家臣から生まれたであろう肩衣を将軍が着るほどに広がっていきつつあったということなのだろう。しかし多くの記事は，記主の目に留まった，あるいは小耳に挟んだ肩衣のことを簡明かつ直截に記しているにすぎない。なかなか武家の服制全体からからみた肩衣の位置づけははっきりしないのが現実だ。

ところで，内蔵頭山科家の家司であった大沢久守らによる『山科家礼記』（1412年（応永19）〜1492年（明応元）の記事が残っている）という記録には肩衣に関するさまざまな記述があり，非常に興味深い。室町幕府の服制に関する記事としてとても有名なものだが，延徳3年（1491）8月27日条では六角高頼を征伐するために近江に出陣する10代将軍足利義材（のちの義稙）は香色の直垂を着ており，供奉する将軍の警護にあたったのが小番衆と呼ばれた武士たちだった。彼らは将軍の乗る馬の前後を走り，その数は200〜300人，肩衣で完全武装ではない小具足姿だった。

ここで明確なことは，肩衣が将軍の供奉や警護を担う人々の身なりであったということだ。また同記には，将軍の出陣の記事とともに，将軍の出陣時の服装と呼応する供奉する武士たちの服装について備忘録のようにまとめている。これによれば，将軍が束帯や衣冠といった貴族社会でも礼・正装をするときは武士たちも直垂を使用する。しかし将軍が狩衣や直垂といった，前者に比べれば略装にみえるような装いのときは，武士たちは肩衣で踝（くるぶし）までの丈の簡便な四幅袴（よのばかま）を身に着けている。ここでもわかるように15世紀の末期においては，まだ，肩衣姿は正装にはおよばない服装だったようだ。

肩衣の史実

読者のみなさんとも共有できると思うのだが，当時，公的な場とはいえ，日常のなかで使われていた肩衣姿は，実はわれわれが思うよりも戦時の服装であったという史実の「意外性」ではないであろうか。関白・太政大臣を務めた貴族・近衛政家（このえまさいえ）（1444–1505）の日記『後法興院記（ごほうこういんき）』明応8年（1499）12月27日条には肩衣に関する興味深い記述がある。歳末の御礼において伺候した人々と対面する第11代室町将軍足利義澄（あしかがよしずみ）は「大樹片衣小袴体也。」といういでたちであった。義澄の姿について記主政家は「為陣中分歟。」と感想を添えている。「陣中，すなわち，戦争における陣地と同じ心づもりなのか？」と言っているのである。政家の目に義澄の肩衣・小袴姿は陣地にいるときの気分なのかと映ったということだ。つまり肩衣姿は陣中の服装として認識されていたということになる。

では，なぜ，義澄は平時であるのに陣中の服装をしていたのだろうか。15世紀の史料において肩衣は戦陣の身なりとして記録されることが多い。武士たちの心中のどこかに，政情不安で戦争がはからずも身近になり，影をおとしていた室町時代中期以降，毎日がその不安感や気ぜわしさといったものにおおわれていたのかもしれない。肩衣を脱げないような環境だったのかもしれない。また，儀礼的に格上げされていった直垂や大紋がだんだんと袖や身頃がゆったりと大きめになり，装飾性を帯び，こうした服装の本来の日常着・労働着としての機能が失われていく。そんななか，おそらくは袖が露出していて，腕のあがきがよく，動きやすいといったことの利便性が武士たちの嗜好に合致したのではないだろうか。労働着とまではいかないが，日常的な公服として定着してしまったのかもしれない。肩衣定着の過程は，おそらく現代のクールビズと似ている。夏場の冷房の電力量をおさえるために，室温が高めに設定される。そのかわりにネクタイや上着の省略が促された。考えてみればずいぶんとラフな身なりだが，仕事場では疲れにくい楽な格好でもある。結果的にはなしくずしに一年を通して略装の会社もでてきたし，会社員や公務員の男性の姿は大きく変わった。この現象は肩衣の定着と非常に似たものであると思う。

かくして次なる16世紀，肩衣姿は武家服制における格を上げていって高級武士の正装としての立場を得ることとなる。貴族との対面など公的な場でも使用され，上級武士たちの使用例も数多くみられるようになる。肩衣姿の地位向上は目を見張るものがあるのだが，それでも対面の相手や厳儀のおこなわれている空間では，相変わらず直垂や大紋，といった服装を身につけている。肩衣は公的な場で使用できる公性をそなえた服装だが，いわゆる正装として認識されていたわけではなかったのかもしれない。軍陣などでさほど格の高くは無い武士たちの服装ということもあまり変わらなかったようだ。さらに踏み込んでいうと，日常的に公私の場で肩衣を着ていた「さほど格の高くは無い武士たち」が下克上などの世情を経て政治の表舞台にのしあがってきたと考えるべきだろう。

肩衣の起源を考える

ところで，肩衣は直垂系の服から袖を取り去ったものだが，直垂が礼服（らいふく），大紋が準礼服であることを考えると自由度が高く日常着・労働着としての使い方が多かった素襖を起源としているのだろう。しかし，袖を取り去るといってもどういう過程があったのだろうか。袖が邪魔だから取った，のだが，これではあまりに単純すぎる。

16世紀の作品とみられる狩野山楽（かのうさんらく）の手になる『犬追物図』（常盤山文庫所蔵）には肩衣の誕生を考える上で見過ごせない直垂系の姿の人物が描かれている。犬追物の円形の馬場の中央の人物はこちらに背を向けている。

やや前傾姿勢で犬を放つ準備をしている。侍烏帽子をかぶり素襖を着ているのだが，両袖を上腕の肩口あたりまでたくし上げている。たすきがけをしてい

図46　直垂の袖に腕を通さない着方が肩衣を生み出した。
右（背面）『犬追物図』16世紀
左（前面）『摂津大覚寺縁起絵巻』16–17世紀

るのではなく，これは袖口の紐を用いているとみられる。すなわち，直垂系の衣服に付属する袖口の紐をぐっと絞ると，袖口を巾着の口のように絞り上げることができる。袖を肩口まで引き上げ，袖括りの紐を絞り上げ，両袖の袖口をしぼった紐の結びあまりを背中で結んでいると推測される。手元が袖に邪魔されない，腕のあがきのよさ，手元の作業しやすさを優先した着方なのだろう。中近世史研究者であり絵画史料に造詣の深い黒田日出男氏が「「肩衣」の誕生考—絵画史料論者の仮説—」（『宗教社会史研究　Ⅲ』，東洋書院，2005）という論文を通じて実に示唆に富む説を発表した。

黒田氏は，室町時代の後半期に制作された『摂津大覚寺縁起絵巻』に描かれた騎馬の武士の姿に注目した。その武士はおそらく，『犬追物図』と同じような直垂の着方をしている。『犬追物図』では人物の背面だけなのだが，こちらの絵巻物では前方から見た姿を描いている。その姿は肩衣そのものだ。こうした袖に腕を通さない着方が肩衣に直結しているかはわからないが，直垂や素襖から肩衣が生まれた過程を想像するに十分な検討材料だろう。いずれにせよ，まったく異なる作品に同じような描き方がされているので，室町時代後半期には広範におこなわれていた着方であったのだろう。それに平安時代末期の袖細直垂以来，こうした着方は当たり前のようにおこなわれてきたのだろう。肩衣

図47　最古の肩衣姿の肖像画　西谷藤兵衛像

成立の過程の一つが垣間見えて興味が尽きない。小さな部位の変化や，人間の道具を使う上での工夫など，こうしたことは文字史料ではなかなかわからないのだが，絵画史料ならではの恩恵だと思う。また，黒田氏は前掲論文において次のように述べている。

> 第一に，「肩衣袴」姿は，応仁文明の乱（1467–1777）の直前から永正17（1520）年を作画期とする土佐光信の作品には登場せず，掃部助久国が描き，大永4（1524）年8月15日に完成した『真如堂縁起絵巻』に登場することからみて，16世紀初頭に出現したとすることが出来る。それは戦国時代にふさわしい武士の服装であった。

16世紀初頭に肩衣が出現する，という氏の見解には賛同する。他の史料の記述とも一致する。少し補足すると，「肩衣が武士の公服としての地位を得て武士たちの間に広まり始めたのが16世紀初頭である」ということになろうか。

以上のような直垂系の衣服の着方が肩衣を生み出すきっかけとなったと考えるのだが，肩衣の着方にも直垂系の衣服が起源であったことをうかがわせるものがある。図47は現存する最古の肩衣姿の肖像画といわれる「西谷藤兵衛像」である。西谷藤兵衛（–1588？）は讃岐の武士で現在の香川県三豊市豊中町にある谷城の領主であった。戦国の世を生き抜いた武士らしい，不敵な面構えで，堂々とした肖像画だ。この藤兵衛を包み込むのが肩衣である。上衣には定紋が据えられ地紋は小紋で袴も同じであり上下一組であったことをうかがわせる。よく見ると胸のちょっと下，腹部のあたりには細かいしわがたくさん入っている。このしわを広げると，身頃の幅は思ったよりありそうだ。さて，そこで，上半身と下半身の中間あたりを見てほしい。身頃の合わせ目が描かれている。左を上に，右を下に，深くしっかりと合わせられている。では，江戸時代の肩衣，裃といったほうがいいかもしれないが本書冒頭図 2 の『徳川盛世録（とくがわせいせいろく）』所載の人物の同じ位置を見てほしい。左右の身頃はまったく合わさっていない。むしろ故意に左右を合わせないように着ている。加えて言うと，肩衣の左右の前身頃はそれぞれに相応の幅があるが，下にいくに従ってどんどん細くなる。

肩衣の時代性

肩衣は，16 世紀ころ，左右の身頃は肩から腹あたりまでほぼ同じ幅か，下方に向かってわずかにすぼまっているようなかたちだった。そして着るときは左右の身頃を深く合わせていた。しかし，近世期に入り，裃などと呼ばれるようになってくると左右の身頃は細くなり，左右を合わせずに着ていた。左右身頃は 17 世紀をかけて下方にいくほどゆっくりと幅が狭くなり，やがて身頃を合わせることなく袴に着籠めるようになる。西谷藤兵衛の肖像の肩衣の上衣の幾重にも及ぶ皺は，左右の身頃の幅が広いので自然に入ってしまったことを示している。

同じような肩衣の皺は常在寺所蔵の「斎藤道三像」（16 世紀）にも描き込まれている。中世末から近世初頭の肩衣と近世に入って久しい裃の大きな違い，左右の身頃を合わせるか否か，そして前身頃の身幅の違いにこそ，この服の起源を読み取ることができる。身頃を深く合わせているのは肩衣が素襖を改良して生み出されたものであることの証拠だ。袖を取り去った過程にはわからないこともあるが，着装法は素襖と同じということだ。また，肖像画に見られる前身頃の皺も同じで，素襖の袖をあがきの良さを優先するために取り去ったものであることを示している。着た時に縦の皺が必要以上に，おそらくは無様なほど入ってしまうのは予想外であったのかもしれない。また，そんなことにかまうことよりも現実の使いやすさを優先しつつ生み出された緊急性の高い，当座的な衣服であったことを意味しているのかもしれない。しかし，袖のない素襖が普及していくに従い，着た時の様が見た目が良いように身幅を狭くして皺が入りにくいように仕立てるなどの調整することも工夫されたのだろう。

この過程は数少ない肩衣の遺物にも確認できる。水戸彰考館（しょうこうかん）に伝わる16～17世紀ころの肩衣（『裃　紺地葵紋付二字霰小紋』）の前身頃の身幅は，近世後期，18世紀ころのものと比べると非常に太い。また，よく見ると西谷藤兵衛や斎藤道三の肖像画の肩衣に見られるような縦の皺が残っている。天正15年（1587）の讃がある「細川蓮丸像」では，身頃の腕側に立て皺を入れてあり，西谷藤兵衛像や斎藤道三像とおなじく身幅いっぱいの身頃であったことがわかる。そして，左右身頃の合わせ目は臍のあたりで，やや位置が下がってきた感がなくもない。

肖像画類だけではない。各種の洛中洛外図屛風，風俗画の類は肩衣の身頃の合わせ目がどのように位置を下げてきたかを考える上では格好の資料だ。洛中洛外図屛風では，中世末期の作に区分される国立歴史民俗博物館（歴博）甲本（旧・町田家本），東京国立博物館所蔵模本，上杉本，歴博乙本，東京国立博物館所蔵舟木本などは肩衣の前身頃を合わせている。しかし，近世期，東福門院和子（とうふくもんいんかずこ）の入内などを画面に組み込むようになった近世初期（17世紀後半）も林原美術館本などでは肩衣の前身頃はまだ深く合わせている。したがって17世紀後半～18世紀くらいにかけて身頃を合わせなくなるようだ。もし博物館や美術館でこうした中世末から近世初頭の作品を目にしたら，肩衣姿を探してみてほしい。肩衣の形状と着方にはっきりとした時代性を読み取ることができるはずだ。また余談なのだが，肩衣の仕立てには流行があったかもしれないことを指摘しておきたい。肖像画の着用例として紹介した西谷藤兵衛と斎藤道三の肖像画はよく見ると肩の線が直線であり，上腕の付け根にあたる上部はとがっているような印象を受ける。素地に糊を引き，張りをもたせているのだろうか。讃から1583年（天正11）作であることがわかる，有名な長興寺所蔵の「織田信長（おだのぶなが）像」（図48）がある。これも身頃上部，肩のあたりは直線で描かれている。だが，その一方で『洛中洛外図屛風』上杉本（図49）や狩野秀頼（かのうひでより）（生没年未詳，16世紀）による東京国立博物館所蔵『観楓図屛風（かんぷうずびょうぶ）』では，柔らかな素材による肩衣姿が多数見られる。肩の線が直線ではなく，肩の形が出ている丸みを帯びた

図 48　張りのある素材の肩衣姿　織田信長像

図 49　柔らかな素材の肩衣姿　『洛中洛外図屏風』上杉本

線で描かれている。

同じ肩衣でも，前者は上級武士の仕立て方で洗練された感がある。後者は前者よりは低い立場の武士などの仕立て方といった風情でくたびれたような印象だ。こんな仕立て方の区分のあったことも想定されるし，個人の好みと理解できなくもない。本来，素襖は麻のような植物繊維の布製であったことを考えれば，最初の肩衣も布製であったと考えられるだろう。しかし，絹製による生地のものがまったくなかったとはいいきれない。もともと用途に融通性のある素襖を起源とする以上，こうしたことは十二分にありえる。素材のことは次に紹介する胴服でも言えることだ。こうした 2 種類の肩衣が存在していたのであるとすれば非常に興味深い。しかし，素材の差はどうあれ，洗い張りをしてきれいに整えられ，袖に腕を通したばかりのときは肩の線が直線に見えるくらい張りのある布地の状態なのだが，何度か着て洗い張りを繰りかえすうちに，徐々にくたびれて見えるようになるということなのかもしれない。ただ，気になるのは，両者が同一の作者による一つの作品に並存してはいないように思えることだ。それは画家の肩衣の描き方なのかもしれないということを意味する。画家の肩衣に対するイメージとして，彼らが当時，目の当たりにした大勢の肩衣姿は，なんとなくくたびれたような状態のものが多かったのかもしれない。このあたりのことはいろいろ想像すると興味が尽きない。

胴服（羽織）

さて，袖細直垂以来，直垂系の衣服本来の日常着・労働着としての機能を引き継いだ素襖は，武士の日常生活のなかで色々な工夫がなされていた。そこから生み出されたのが今までみてきた肩衣だが，もうひとつ，「胴服（どうぶく）」と呼ばれる「羽織」の先祖のような衣服があった。

室町時代の武家故実などの文献には「打ちかけすはう」等と表記される「打懸素襖」「懸素襖」姿という身なりがあった。おそらくは胴服姿の起源と考えられる。これは素襖の上衣の裾を袴に着籠めないで「打ち懸ける」，すなわち両腕を袖に通しただけの着方だった。こうした正規の着方などを採用しない着方を「着崩す」などというが，まさに的を射た評価だと思う。

胴服の下には小袖と袴だけで，非常にラフなスタイルで，屋内ではくつろいだ姿であったようだ。屋外ではくつろいだ街着，ふらりと外出するときに引っ掛けるような，そんな衣服でもあったらしい。また旅装などにも用いられたようだ。大勢の武士にとっては，胴服は直垂系の衣服の規定通りの着方に反する略儀であり，その略儀で「まさか」公的な場面や人前に出るということは考えられない，そんな風に理解されていたのではないだろうか。それほどラフな姿だった。

胴服は素襖から派生したものなので，衽のない直垂系の襟元を受け継いでいる。着るときには襟を表に返すので，裏地が表に見えることとなる。絵巻物や肖像画などを見ていると，正式な対面などで着られることは無かったように見える。前掲の洛中洛外図屏風でも舟木本（東京国立博物館所蔵）以降の同作品や『足利将軍若宮八幡宮参詣絵巻』などでは，武士の街着として利用されている例を数多く見る。たとえば『足利将軍若宮八幡宮参詣絵巻』では，今まで紹介してきた中世末期における武士の服装の儀礼面がうかがわれる格好の場面がいくつもある。

図50は境内を散策する武士の一行だが，おそらくは若宮八幡宮に参詣に来たのだろう。6名からなる小さな武士の家族のようだが，右端は女性で，この家族の奥方だろうか。赤い打掛小袖を着て裸足に草履（ぞうり）を履く。打掛小袖の下は白地に赤・黄・緑などの華やかな地紋が見える。その左には後方を振り返るポーズの若い武士がいて，少年のようにさえ見える。顔は白く塗られていて，まだ元服したてだろうか。この絵巻物では元服した成人でも若年は顔を白く塗る，というルールがある。上下共裂の素襖らしきものを着ているが，上着は下端を袴に着籠めないで出しており，胸紐なども結んでいない。これが前掲の「打懸素襖」姿とみていい。素襖の上着が胴服へと変化していくなか，その原初の着方は依然として存在していたところは非常におもしろい。下に着ている小袖は赤の横縞で，肖像画などでもよく見かけるものだ。さらに左には菅笠（すげがさ）を被り口髭・顎鬚をたくわえた成人男性がいる。一団の主人であろうこの男性は朱色味がかった緋色の地色で金の総模様のような織り出しの胴服を着ている。下の小袖は赤，袴は踝までで縹地に紺色の横縞が入っているが白で霞地も表現されている。足元を見ると草履を履いている。この胴服はやはり絹製の高級な生地と見られる。胴服の原初が素襖だとしても，素襖の上下から打懸素襖姿が生まれ，

図50 戦国末期の主の家族と従者 『足利将軍若宮八幡宮参詣絵巻』

それがこうした素材を絹地とした派手な色遣いのものが出てきた時点で胴服として独立した衣服となったというところであろうか。この人物のさらに左には息子なのだろうか，黒の塗りの菅笠を被った少年がいる。桜色の小紋の胴服を着てややくすんだ朱色のような袴をはいて右手には金地の扇子をもち，父親に手を引かれる。小袖は右から2番目の打懸素襖の人物と同じで，これは兄弟なのだろうか。体格もやや華奢だ。

右の女性からここまではこの一団のなかでは主人とその家族と考えられるが，左の2名は肩衣の上下の姿で，袴を膝のあたりでくくり，袴の前の裾を腰の帯までまくりあげる「返し股立」という着装法である。袴の下に着た小袖の裾といっしょに袴の裾部分を膝上までたくし上げ腰の帯に挟みこむもので，脛が露出するが足のあがきのいいものだった。室町幕府儀礼ではごく一般的な，主人に徒歩で供奉するときの袴の着装法であり，都ばかりではなく地方の武士たちにも広く共有されていたものであろう。なかでも将軍の供奉をつとめた走衆の路次警護の姿であったことが『走衆故実』(「群書類従」武家部) などに記されている。こうしたことを考えわせると，すなわち，この2名は，この家族に供奉する者，家臣ということになる。服装と着装法で確認できるというわけだ。なお，一人は朱塗りの薙刀（なぎなた）を両手で捧げ持ち，もう一人は主人のものとおぼしき太刀を右手に持つ。

肩衣の自由度

この絵を見るとわかるように，胴服はかなりくつろいだ街着の役割を得ている。主人からすれば，せっかく家族と参詣に行くのだから，肩肘はらないリラックスした身なりで，というところだろう。また，この家族のプライベートの外出だし，行き先は都の神社だし，少しおしゃれしよう，という意志も働いているのだろう。本部の冒頭で2種類の洛中洛外図屏風に描かれた武士の出行の絵をご紹介した。あのなかに胴服姿の人物が描かれていないのは，胴服が公的な場で着るべき正装ではなかったことを明確に示している。『足利将軍若宮八幡宮参詣絵巻』は，前にも紹介したが，室町幕府将軍の正式の出行の行列が詳細に描かれているのと合わせて，武士たちの私的な出行や外出時のありようも何気なく描かれているので，非常に史料性が高い。この作品の作者は巷にいる武士の姿をよく見ているのだろう。意外なほどリアルな，当時の武士の姿を伝えてくれる。

一方，胴服が非常にファッショナブルに着こなされている例もある。17世紀初め，大坂の陣の前後の京都を描いたともいわれる『洛中洛外図屏風』舟木本（東京国立博物館所蔵）にはさまざまな武士の姿が描かれている。筆者が注目するのは，図51に示したような武士たちだ。都の街角にたむろしたり，闊歩したりする武士たちだが，笠（かさ）を被ったり，扇（おうぎ）で顔を隠したりしている。大刀（おおがたな）を垂直に近いほどたてに帯にさす「落とし差し」で，どこか怪しげでさえある。もちろん，彼らの素性などはまったくわからないが，なにか目を引く姿だ。皆，長めに仕立てた胴服や脇継を着ている。当時としてはモダンな身なりのように思える。

屏風を実際によく見ると胴服の襟は表の地色とは異なり，裏地と同じ色であったりする。表地の色も多様で，素材も絹など，バリエーションが豊富な印象を受ける。胴服の下には柄物の派手目な小袖を着ている。伊達者，というべき

図51　洛中の胴服姿の武士　『洛中洛外図屏風』舟木本（左隻）

か，やけにスタイリッシュで，当時の武士たちとしてはおしゃれな連中に見える。似たような胴服姿の武士が描かれた都の随所に描かれている。制作者にとって，こうした武士の姿がよほどに目についたのであろうし，実際，頻繁に目にしたから都の時世粧として描かれたとみていい。そして胴服が私的で日常の服装ゆえに何の規制も無く，自由な装いであったことを示している。

室町期の武家服制を考える

また，胴服の儀礼的な位置づけがうかがわれて興味深いのは，『観楓図屏風』だろう（図52）。六曲の屏風画面の左半分には，紅葉見物で酒肴をたしなみつつ，鼓の伴奏で踊る武士数人の姿が描かれている。この場面では肩衣の者，胴服の者，小袖の者が一緒になって紅葉狩りを楽しんでいるのだが，よく見ると意外な武士の序列が読み取れる。

一番奥に舞を踊る武士がいる。この人物は右手に金色の扇をかざし，赤い小袖に袴を身に着けている。だが，よく見ると袴の股立から水色の地の柄物が見え，さらに腰の後ろには同じ色の衣服がたたまれているように見える。つまりこの人物は小袖袴（こそではかま）姿で一番上の上衣として着ている小袖の諸肌を脱いでいるの

図52　紅葉狩りを楽しむ武士たち　『観楓図屏風』（左隻）　東京国立博物館所蔵，ColBaseより

で，肌着の小袖が見えるという訳だ。酒も入ってご機嫌な気分であろうし，興が高じて，目前の皆から請われるままに楽しく踊っているようだ。この人物の左右には座っている2名がいる。右の人物は胴服姿で踊りを見ている。左の人物も胴服姿で，こちらは片膝をついて鼓を打ち拍子(ひょうし)をとっている。さらに両名の手前にはそれぞれ右側に鼓を打つ肩衣袴の人物1名，左側に側継という手無しのような上着を小袖袴に加えた手拍子を打つ人物が1名座っている。さらに最前列には肩衣姿の1名が座る。何気なく車座に武士たちを配しているように見えるのだが，手前から奥に向かってこの武士たちの序列が高くなるようだ。

つまり，肩衣袴→胴服・側継→小袖と，序列の高い人物はもっともくつろいだ服装・小袖姿で，序列の低い人物は肩衣姿でかしこまった服装ということになる。『足利将軍若宮八幡宮参詣絵巻』や『洛中洛外図屏風』東博模本と上杉本は公的な場面であったので一番序列の高い人物はフォーマルな姿であったが，『観楓図屏風』の場合はプライベートの行楽の姿なので，このようなことになる。なんとも紛らわしいというか，ややこしい気がするが，服と服装は居合わせる人物が誰か，とか，どういう状況・空間での使用なのか，という周辺情報を抜きにしては語れない。『観楓図屏風』に見られる武士たちの序列と服装の関係はその好例といえる。ただ，もしかすると最奥の踊る武士は，案外，胴服のようなものを本当は着てきて，ここでは脱いでいたのかもしれないが，画家はそれを画中に描き込まなかったと考えることもできる。たしかに，余興で踊るとしたら，胴服はわずらわしいので脱いでしまったというのはわからなくもない。

以上のように胴服が使われたのは，私的な場に限られたと考えられ，公的な場では使われない衣服であった。近世以降，現代にいたるまで，改まった公式性の高い場で着る衣服になっている胴服だが，当初はそうではなかったというのは意外な印象を抱かれた方も多いのではないだろうか。しかし素襖を起源とすることを考えれば納得していただけると思う。その意味で胴服は史料でも肩衣などに比べれば目にすることは少ない。貴族や武士の日記などでもこの場面では着ていたのだろうと推測されるのだが特に記述されない。このことはひとえに胴服という衣服，胴服を身にまとう場が，日常生活の一部であり，現代でいうところの私的（プライベート）なものであったことのあらわれだろう。また，

図53　扇を使い三十三間堂の通し矢の采配をする武士（袖なしの胴服姿）とさまざまな服装の人々　『三十三間堂通矢図屏風』

史料というのは，前述のとおり，日常的ではない特別なことだからこそ書き留めるものだということを痛感する。一方，当該期の絵画史料にはそこかしこに描かれている。図53『三十三間堂通矢図屏風』（逸翁美術館所蔵）に描かれた人々なども実にいろいろな服装が見られ，胴服もはっきりと描かれる。当時の人々の衣服と服装の意識は本当に多様であったことに驚く。

なお同じ中世末期から近世初期，同じ発音の「道服」と呼ばれた法衣(ほうえ)の直綴(じきとつ)と非常によく似た上着として用いることの多い衣服があった。直綴は中世，禅宗僧侶の常用する服となっていくが，こちらは貴族や高級武家が出家したときなどに用いることが多かった。この道服と胴服は，発音が同じで史料を書いた人物の勘違いであるとか，あるいは同じ上着の用途であることからの見間違えなどもある。文字による文献史料上，非常に紛らわしい場合も少なくない。胴服の発生時のことは文字では追いにくく，やはり絵画史料に依拠せざるを得ない。

胴服が武士の間にいかに広まっていたかを知ることができる。ただし，その絵の場面としては，日常の家居や街歩き，旅姿など，着用する本人にとって身分や序列を示すような例は無い。気軽さ・着やすさのような便宜性や，着心地といった皮膚感覚の良好なことが胴服を広めていったようだ。そして，贅沢な素材や目立つ色や柄のものを身につけることが，経済的，政治的な優位性を誇示するような効果があったのかもしれない。制約がなかったことが胴服の装飾性を加速させたのだろう。そして，近世，江戸時代の羽織へと昇華する。

十　徳

なお，懸素襖は素襖の上衣だけを無加工で着ているので脇の下が開いているが，縫い合わせてしまった十徳と呼ばれる衣服もあった。絵画史料では西本願寺に所蔵される親鸞の後継者で本願寺発展の礎・覚如（1270–1351）の伝記を描いた『慕帰絵詞』に似た形状の衣服が描かれる。おそらくは小袖や直垂の使われていたなかで自然発生的に生まれたのだろうが，室町時代の前出16世紀初めの成立である『宗五大草紙』などに「十徳」という呼称が出てくる。前掲『足利将軍若宮八幡宮参詣絵巻』にも描かれている（図54）。

十徳は胸紐がなく，袖付けなどの補強のための菊綴が皮製であった。胴服と非常によく似ているが，十徳では左右の前身頃を素襖のように合わせ腰のあたりで帯で結んだ。胴服では帯で身頃を合わせた上から結ぶことはない。先ほどから引用している絵画史料に描かれた胴服も脇の下が縫ってあるようだが，胴服は，素襖から十徳，そこからさらに発展して生まれたと考えられなくも無いが，それにはやや疑問がある。本章の「素襖」の項で直垂系の服装はかならずしも直垂・大紋・素襖の明確な相違点が守られない中間のようなものが存在すると述べた。胴服においても同様のことが言えるのではないだろうか。

十徳がどうして生まれたのか。誕生にはどのような経緯があるのか。その答えは胴服の誕生と同じだと思う。では，十徳の誕生はいつまでさかのぼることができるだろうか。少なくとも鎌倉時代，12世紀から14世紀前半の文献史料に十徳の語は見出せなかった。しかし，絵画史料ということになると，前述のように『慕帰絵詞』には似た衣服が描かれていた。また，第2部で示した図

図54　十徳姿　『足利将軍若宮八幡宮参詣絵巻』

26の『東北院職人歌合』(五番本) の「賈人(こじん)」が着ている衣服も，形状や着方も図54と大差ない。どういうことなのだろう。

筆者は十徳の起源を考えたとき，ただちに肩衣の起源と誕生を思い出した。肩衣の前提には「袖無」「てなし」と呼ばれた衣服があったことを述べたが，胴服も全く同じで，前提となる衣服や着方があったということだ。上着を羽織らなくてはならないような状況，たとえば，防寒があるだろう。長時間の外出時に何か一枚羽織っていけば帰り道，夜露にぬれても身体が冷えないだろう。こんな理由からあまっている袖細や直垂を，羽織るような軽い感じで重ねてひっかけて着るような習慣は，ごく自然に生まれた。人々はあえて呼称を与えるでもなく普通に着ていた。

こうした衣服の習慣が何百年も繰り返されてきたからこそ十徳は生まれたし，胴服も生まれた。生活必需品として生まれたものであるから，より便利なように，着心地がいいように個々人のレベルで自由に改良されたのだろう。胴服と十徳，懸素襖，それぞれに影響しあったと考えれば，ご理解いただけるのではないであろうか。やがて，直垂や素襖などの上着の流用ではなく，将来の「胴服」「十徳」と名づけられる衣服として最初からデザインされ，素材や色，柄を選ぶようになれば，晴れて，一つの特定の衣服として人々が認識するようになる。そして「胴服」「十徳」と名づけられ成立するということなのだろう。もしかすると衣料を作って商いする人々が当初より「胴服」「十徳」として流通経済に乗せたのかもしれない。商品・流通経済が活気を帯びる中世末期から近世にかけて胴服・十徳が特定の衣服として成立したのかも知れない。詳細を確認できるほど文献史料が伝えられていないことが惜しまれる。

胴服・十徳を生み出す服装習慣の土壌は『慕帰絵詞』『東北院歌合』の制作された14世紀半ばころまでさかのぼることができる。この服装習慣を生活のうちに受け継いできた武士の服装文化は，素襖から胴服・十徳などを同時発生的に生み出した。公的な服装ではないことから制約がなく，随時，改良されたのではないだろうか。使い勝手の良さなど，相互に影響し合い，最終的に羽織に連なる胴服に収斂していったと考えるほうが無理はない。袖細以来，直垂にいたっても，それが偶然，袴とは別の柄や色・素材であったことから上下共裂で着るのとは違った趣向を醸し出すことに気づき，かえって洒落ていると考えた者もいただろう。自分の服で気づいた者，他人が着ているのを見て気づいた者などがさらに種々の素材，色とその組み合わせなどを使ってみたりしながら，胴服はバリエーションを増やし，羽織へと変化していったのであろう。

第3部まとめ

武士の環境に同期する直垂

南北朝期から戦国時代を経て，直垂系の衣服について概観してきた。

鎌倉幕府期の武士たちは，院政末期の平氏政権が素材などの上で発展させた直垂を引き受けた感があり，そこから絹製と布製という直垂発展の道が生じた。続く時代は，鎌倉幕府とその時代から服制と服装の習慣をそのまま引き継いだ南北朝・室町時代，基本的には「細分化」の時代であったといえるだろう。

前述のように，鎌倉時代，武士相互のヒエラルキーの視覚指標化が進んだ。一家の棟梁と家人，下人・所従，郎党といった家内の位置づけが直垂の種別により目に見えるかたちで示されたのは非常に興味深いし，武士身分を考えるうえで見過ごせない変化だろう。これをうけて室町時代の守護大名や地頭や在地領主たちも同じように家内の序列を目に見えるかたちで示していく。

基になったのは室町幕府による武家儀礼の醸成であった。御礼や御成といった将軍と幕府に従う武士たちの間で交わされた礼の交換のような儀礼観が育まれた。この儀礼観をものさしとして服制ができあがっていった。武士は自らが創り出した服装を，小さな改良や変更を積み上げながら育んだ。鎌倉時代，平安時代末期以来の直垂は，絹製のものと布製のものが使い分けられた。これを引継ぎ，南北朝以降，特に足利幕府の政権下にあった室町時代は，直垂といえば絹製の裏地のある袷の仕立てのものをさすようになり，いつの間にか礼装として武家服制の頂点に据えられた。直垂は礼装に格上げされてしまったために，本来の日常着・労働着の面，そして平時の正装を担う大紋や素襖が生まれる。よく考えてみると，ここまでは鎌倉幕府以来の服制の延長と言っていい。しかし，衣服の材質や色などを用いながら幕府内の序列を視覚指標化する手法は，平安時代より朝廷貴族社会でおこなわれていた手法である。武士の側はうまく取り込み，己が服制に継受したようだ。この点においては鎌倉幕府時代よりも進歩したと言えよう。やはり同じ都の中にいて，人的交流もおこなわれていたことによるところが大きいだろう。貴族が足利将軍の家礼を武士の身なりをして勤めたというのも非常に面白い。

磐石の権力基盤を有していなかった室町幕府は15世紀末の応仁・文明の乱にあたり，その支配を山城国一国程度まで下げたことは広く知られるところだ。このことは幕府や将軍の権威の失墜を意味する。細川・山名(やまなし)氏ら守護大名らの争いを誘発し全国的に内乱や混乱が生じた。この戦乱は11年間にも及ぶなかで幕府の支配や秩序，武士のなかの身分の序列にまで大きな影響を与えた。守護大名のような国持ちではないが，地域で大きな権力を握っていた国人・国衆といった武士たちが政治の表舞台に現れてきた。なかには守護大名を凌駕するような地域権力になった者も少なくない。平安時代から鎌倉時代にかけて形作られた武士の社会がこの戦乱を通じて，少なからず崩れ始め，時代はいわゆる戦国時代に入る。応仁・文明の乱以降，長い「戦時下」の時代が続く。のち，時代は関ヶ原の合戦や江戸幕府の成立，大坂の陣などを経ながら江戸時代，すなわち近世社会となる。こうした時代背景を踏まえて考えてみると，利便性を優先した肩衣や，武士個人の自由な選択が保証された胴服のような衣服が生み出されたのも偶然のことと思えない。室町幕府の武家儀礼というものさしによる服制の影響力が，幕府権力の失墜とともに否定され，軽視されたということなのだろう。室町幕府が正しいとする武士の立ち居振る舞い，礼儀のようなものを守らないことが「権威になびいてはいない」「従来の権力に屈していない」生き方を示す視覚指標となっていったとしたらとてもおもしろい。

袖細から直垂へ，そして直垂の格上げによって準公服・準正装といえる大紋，本来の直垂を彷彿とさせる素襖が生まれる。ここまでは第1部・第2部で見た通り，平安時代末期以来の朝廷貴族社会と歴史の表舞台に出てきた時の関係性の影響を受けた服制と衣服の考え方だったといえなくもなかろう。しかし，中世末期に近づくにしたがって新たに肩衣や胴服などが生み出された。こうした新しい直垂から枝分かれした衣服は，いずれも直垂系の衣服の正規の使用法を無視した，あるいは超えた使い方と言えるだろう。肩衣を正装に格上げし，ときに胴服で公的な場面に出ていく段階は，これまでと一線を画す変化ではなかろうか。武士が自らの意志で彼らにとって伝統的な身なりであった直垂姿を否定したといえるのではないであろうか。いや，伝統的な衣服の「儀礼観」を否定したと言い換える方がわかりやすい。

こうして室町幕府期以降から近世直前までの武家服制を，直垂を中心に据えて概観してくると，この直垂姿は日本の社会における武士の存在の映し鏡のような気がしてならない。

その後の武家服制——徳川幕府

中世がおわり，時代は近世をむかえる。1603年（慶長8），徳川家康（とくがわいえやす）は征夷大将軍に任ぜられ江戸幕府が開かれた。長きにわたってみてきた武士の服制も江戸幕府をもって一段落する。のち17世紀末期にいたるまで同幕府の諸制度整備は続けられた。幕府服制も例外ではなく，厳密かつ詳細に決められた。そして江戸幕府の成立と服制の整備をもって，武士の服制は収束する。今まで述べてきた直垂，大紋，素襖が，徳川幕府ではどのような扱いになったのか，第3部を締めくくる意味で見てみよう。

直垂　元服や将軍への正月の御礼などの厳儀での所用に限られた。四位以上の武士の礼装（有力譜代大名，国持大名，御三家（ごさんけ），将軍）で，無地の絹製だった。葡萄色（えびいろ）は将軍，緋色は大納言以上，浅黄・萌黄色は使用禁止の禁色（きんじき）。袴は長大化して身の丈にあまるほどになった。

大紋　五位以上の武士の礼装となる。大きめの家紋を背中と両胸，袖の後ろ側，袴の尻の部分，小さめの家紋を袴の前側に2カ所，合計10カ所に染め抜いた点が直垂や素襖との大きな違いである。袴は直垂同様に長大になる。

素襖　将軍以下が束帯・衣冠・直垂・狩衣・大紋着用時，諸臣の布衣（ほい）以下三千石以上，および三千石以下の下位の旗本，すなわち，お目見得以上の勤仕の者の礼装となった。

肩衣上下（裃）　江戸時代には出仕用としての正装となる。江戸幕府の服制ではさらに布衣が加わる。衣服そのものについては第2部で詳しく見たが，次のような規定だった。

布衣　諸大夫（四〜五位）に次ぐ侍に相当する旗本の礼装。布衣の着用を許可された旗本はおおむね三千石以上で，朝廷から位階の叙任のない無位ながらも幕府内では六位相当と見なされた。

江戸幕府服制で注目されることは3点ある。①室町幕府以来の直垂・大紋・素襖に肩衣を加えたこと，②さらに布衣まで導入したこと，③服制の基本に朝廷から授かる位階をおいていることである。

①は鎌倉幕府以来の伝統的な服装習慣を引き継いだということになるだろう。正装としての直垂の系譜を一覧できるような印象だ。②は本書でも第2部の鎌倉幕府の服制で触れた。将軍出行のおりに将軍の乗る輿(こし)の後方に布衣を着た五位・六位の武士たちが供奉した。将軍の近習たちだった。江戸幕府ではこれになぞらえていたと考えてよい。③は近世史において武家官位と呼ばれる，朝廷の位階を利用した幕府による武士の支配体制と深い関係がある。鎌倉幕府以来，幕府と将軍の許可なく武士が朝廷から位階を与えられることを禁じた。しかし，戦国・織豊期になると，室町幕府滅亡ののち，幕府という武士全体の統括組織を失なった武士と朝廷の関係は混乱した。経済的に逼迫した朝廷が武士の金銭の献上の見返りに，位階・官職を発給した。また朝廷の許可を得ず，勝手に位階・官職を名乗る武士が現れた。この混乱を収束するべく豊臣秀吉(とよとみひでよし)は武士の統制に朝廷の位階制度を用いようとするが不首尾に終わった。以上の経緯を踏まえた上で，江戸幕府では豊臣政権下ではうまくいかなかった点を修正し位階制度を武士の統制に使用した。

江戸幕府の服制は，鎌倉幕府以来の武家服制，室町幕府末期から戦国期の衣服と服装習慣を一つにまとめ，そこに朝廷貴族社会の身分秩序である位階制度を組み合わせた。武家の官位の目的や意図を服制を用いて視覚化した，というべきであろうか。武家による武家の支配が中世よりも成長してきた観がある。服制としては最後のものとなるが，鎌倉幕府以来，時々の政治情勢にあわせて細分化されてきた武士の序列を整理統合したのであり，江戸幕府の武家支配の実情をよく反映したものといえるだろう。武士の衣服は，武士と武家社会の変化に呼応して枝葉を広げるように進化した。その最終段階が江戸幕府の服制において集約され整備される。鎌倉・室町幕府の対面儀礼による儀式観と序列は，極論すれば「晴れか，褻(け)か」の認識に拠るところが大きい。それゆえに服制は複雑化する武家社会の実情に追随していくよりなく，そのためか，どこかあいまいな部分もあった。しかし江戸幕府の服制は，そのあいまいさを回避する意味での武家官位を活用した服制でもあった。

1867年（慶応3）10月14日，江戸幕府第15代将軍徳川慶喜（よしのぶ）は幕府による政権奉還を明治天皇に奏上，同15日天皇はそれを勅許した。江戸幕府の消滅であった。鎌倉幕府以来，室町幕府，そしてこの江戸幕府と続いてきた武士による支配体制は終焉を迎えた。これをもって武家服制も消滅する。武士・武家の服制の終幕であった。

おわりに

古代・中世の武士の服制を概観してきた。紙幅に限りもあり，必ずしも見晴らしがよくない部分，見通すことのできない部分もあり，申し訳なく思う。

筆者が本書の構成と叙述で重きを置いたことが二点ある。第一点は「起源」，第二点は「連続性」という考え方だ。物事には起源と発生があり，衰退と消滅がある。直垂はなぜ大紋や素襖を生み出したのか，素襖はなぜ肩衣や胴服を生み出したのであろうか。そういう疑問に正対しつつ，「なぜ」の答えを求め続けていることは，本書をここまでお読みくださった読者のみなさんはすでにお気づきであろうと思う。筆者は歴史学の研究者なので，ものごとの起源と連続性を時系列の中にとらえることが本分であるし，研究の道筋がそうあるべく意識し続けてきた。従来の有識故実や服装史の先行研究とその成果においては，衣服の歴史を時代ごとに区切って，その時期に現れてくる衣服ごとに項目立てて解説し，論究するものが大勢をしめている。それは研究者一人一人の大変な努力の末にあり，畏敬の念を覚える。しかし，この方法では自分の歴史学を基盤とする有識故実では満足できない。よって，歴史上の衣服と服装を，時系列を基準としながら具体的なもろもろの変化を糧として考え，起源・発生・衰退・消滅を関連付けて述べることにこだわった。武士の服制や服装の習慣は，ほぼ途切れなく非常に具体的に読み解ける。しかもそれが武士の社会進出と同期していることに気がつくと，衣服，服装と人間がしっかりと結びつく。

筆者の尊敬する服飾学者の小川安朗は，著書『服飾変遷の原則』（文化出版局，1981）で，服飾の変化を20項目に分類した。同書で小川は「形式昇格」という分類を提起し，簡素な服飾が複雑化して常用の服飾が礼装となり，庶民の服飾が貴族に取り入れられることとした。直垂が礼装となる現象のまさに好例であろう。また，直垂から大紋や素襖，素襖から肩衣や胴服が分化したように，長く使われる形式がだんだん細分化し，簡略なものが生みだされ，使用者の社会や組織内での階級ごとに分化することを「系列分化」とした。武士の社会の発展とともに素朴な庶民の労胴着・日常着であった袖細が直垂に変化し，さらに分化していく直垂系の衣服もまた好例であろう。これらは武士の服制のうえでは人前で身につける公服に関してだが，私服での袖細から小袖ラインという「変わらなさ」も見過ごすべきではないだろう。「何かを変えるためには何を変えてはいけないか，何かを変えないためには何をどこまで変えていいのか」ということになるであろうか。さらに言えば，武士は肩衣や胴服にたどり着いたが，その出自たる庶民の衣服の延長線上にあったものを身にまとい続けた。無意識なのであろうが，身分の基盤にあったのが庶民の生活習慣や感覚であり，それゆえに，袖細・小袖という服装習慣の基盤にあったものを変えなかった。

直垂系の衣服の広がりと発展は，地域や時代，身分を超えた。対面という武士の儀礼観，それから生み出された主従・上下関係といった序列と同期しているのだろう。武士には各地の在地領主・武士団レベルで，個々に起源をもつ習慣とか慣わしとかがあっただろう。これが時代の下降とともに地縁的・血縁的結合を繰り返し，彼らの習慣や慣わしも統合される。集った武士ごとの習慣やならわしを単純にまとめただけかもしれないし，あるいはそのなかでリーダーシップをとっていた者たちの習慣やならわしをほかの武士も従属的に受け入れたのかもしれない。武士の出会い（＝結合）は回を重ねるたびに多種多様な人々が集まる。そこにリーダーシップをとる武士の政治的な意図がはたらき，対面に基づく信頼関係には序列が生み出される。その信頼関係と序列を視覚的に，かつ経験的に再確認するための儀式・儀礼が繰り返されていく。新たな秩序を創出し，さらに序列が追加されていった。室町時代を境に武家社会は家格に基づく序列を産み出し，同じ武士身分のなかでの上下関係が生じた。そして，武家官位などが加わり，江戸時代にいたったのである。

主要参考文献

本書の内容に直接的に関係ある参考文献を示す（本文中で紹介したものはのぞく）。紙幅に限りがあり個別の雑誌論文はやむを得ず省略した。

図書館などで見やすいものを中心に示したので，機会があれば手に取っていただきたい。また，鎌倉・室町・戦国期の政治史等についてはあまりに膨大なのですべて割愛した。

鈴木敬三『服装と故実―有職故実図解―』（河原書店，1950，のち，1995『有職故実図典』として吉川弘文館より刊行）

八束清貫『神社有職故実』（神社本庁，1951）

猪熊兼繁『法史学』（世界思想社，1951）

石村貞吉『有職故実研究』（学術文献普及会，1956，なお，1987 に講談社学術文庫で『有職故実』として再刊）

江馬務『日本結髪全史』（東京創元社，1960）

河鰭実英『有職故実―日本文学の背景―』塙選書（塙書店，初版 1960，のち，1971 に同社より改訂版が刊行）

鈴木敬三『初期絵巻物の風俗史的研究』（吉川弘文館，1960）

猪熊兼繁『古代の服飾』日本歴史新書（至文堂，1962）

中村義雄『王朝の風俗と文学』塙選書（塙書房，1962）

石村貞吉『源氏物語有職の研究』（風間書房，1964）

歴世服装美術研究会編『日本の服装』（吉川弘文館，1964）

澁澤敬三編著『絵巻物による日本常民生活絵引』全 6 巻（角川書店，1964〜68，のち，1984 に平凡社から新版が刊行）

井筒雅風『袈裟史』（文化時報社，1965／雄山閣，1977）

橋本澄子『日本の髪』（三彩社，1967）

山辺知行・猪熊兼繁ほか服飾史図絵編集委員会編『服飾史図絵』（駸々堂出版，1969）

河鰭実英『有職故実図鑑』（東京堂出版，1971）

関根真隆『奈良朝服飾の研究』（吉川弘文館，1974）

江馬務『江馬務著作集』全 13 巻（中央公論社，1975〜82）

井筒雅風『法衣史』（雄山閣出版，1977）

室伏信助ほか編『有職故実日本の古典』角川小事典シリーズ（角川書店，1978）

松本包夫・山辺知行・小笠原小枝・高田倭男・今永清士・切畑健責任編集『日本の染織』全6冊（中央公論社，1979〜1981）
小泉和子『家具と室内意匠の文化史』（法政大学出版会，1979）
守屋盤村著，山崎光子編『覆面考料』（源流社，1979）
井上泰男『衣服の民族誌―比較服装史序説―』（文化出版局，1982）
國學院大學神道資料室編『高倉家装束調進控　装束織文集成』（國學院大學，1983）
鈴木敬三『国語・国文資料図集　有職故実』全3巻（全国教育図書株式会社，1983）
和田辰雄『日本服装史』（雄山閣出版，1983）
栗原弘・河村まち子『時代衣装の縫い方』（源流社，1984）
武田佐知子『古代国家の形成と衣服制』（吉川弘文館，1984）
小川安朗『万葉集の服飾文化』ロッコウブックス（六興出版，1986）
鈴木敬三編集解説『古典参考図録・古典参考資料図集』（國學院高等學校，1988〜）
北村哲郎『日本服飾小辞典』（源流社，1988）
高田倭男編著『かさね色目』（高田装束研究所，1988）
井筒雅風『原色日本服飾史』（光琳社出版，初版1989，増補改訂1998）
谷田閲次・小池三枝『日本服飾史』（光生館，1989）
鈴木敬三ほか編『復元の日本史』全3巻（毎日新聞社，1990〜91）
日本馬具大鑑編集委員会編『日本馬具大鑑』全4巻（1990〜91，日本中央競馬会）
丹野郁『南蛮服飾の研究』（雄山閣出版，1993）
丸山伸彦『武家の服飾』日本の美術340（至文堂，1994）
小泉和子『室内と家具の歴史』（中央公論社，1995）
仙石宗久『カラー判 十二単のはなし／現代の皇室の装い』（1995，婦女界出版社）
高田倭男『服装の歴史』（中央公論社，1995，のち，2005に中央公論新社より中公文庫として再刊）
増田美子『古代服飾の研究―縄文から奈良時代―』（源流社，1995）
柏木希介編『歴史的にみた染織の美と技術　染織文化財に関する八章』丸善ブックス54（丸善，1996）
小泉和子・玉井哲雄・黒田日出男編『絵巻物の建築を読む』（東京大学出版会，1996）
鈴木敬三編『有識故実大辞典』（吉川弘文館，1996）
秋山虔・小町谷照彦編『源氏物語図典』（小学館，1997）
川本重雄・小泉和子編『類聚雑要抄指図巻』（中央公論美術出版，1998）
菅原正子『中世公家の経済と文化』（吉川弘文館，1998）
橋本澄子『日本の髪形と髪飾りの歴史』（1998，源流社，のち，2001に同社より改訂版が刊行）
二木謙一『中世武家の作法』日本歴史叢書（吉川弘文館，1999）
増田美子『日本喪服史　葬送儀礼と装い』古代篇（源流社，2002）

鳥居本幸代『平安朝のファッション文化』（春秋社，2003）
二木謙一『武家儀礼格式の研究』（吉川弘文館，2003）
五味文彦・櫻井陽子編『平家物語図典』（小学館，2005）
二木謙一『時代劇と風俗考証―やさしい有職故実入門―』歴史文化ライブラリー194（吉川弘文館，2005）
佐多芳彦『服制と儀式の有職故実』（吉川弘文館，2008）
増田美子編『日本衣服史』（吉川弘文館，2010）
増田美子編『日本服飾史』（東京堂出版，2013）

〔引用史料　出典一覧〕

『吾妻鏡』（「新訂増補国史大系」）
『蔭凉軒日録』（「続史料大成」）
『吉記』（「史料大成」）
『京極大草紙』（「続群書類従」武家部）
『玉葉』（「国書刊行会叢書」）
『建久新制』（「中世法制史料集」6）
『源平盛衰記』（「史籍集覧」）
『後松日記』（「日本随筆大成」）
『後法興院記』（「陽明叢書 記録文書篇」）
『西宮記』（「神道大系」）
『斎藤親基日記』（「続史料大成」）
『山槐記』（「史料大成」）
『三内口決』（「群書類従」雑部）
『慈照院殿年中行事』（「続群書類従」武家部）
『小右記』（「大日本古記録」）
『宗五大草紙』（「群書類従」武家部）
『装束抄』（「群書類従」装束部）
『太平記』（「新日本古典文学大系」）
『親元日記』（「続史料大成」）
『長禄二年以来申次記』（「群書類従」武家部）
『長禄年中御対面日記』（「続群書類従」武家部）
『貞丈雑記』（「東洋文庫」）
『殿中申次記』（「群書類従」武家部）
『徳川盛世録』（「東洋文庫」）
『年中恒例記』（「続群書類従」武家部）
『年中定例記』（「群書類従」武家部）

『教言卿記』(「史料纂集」)
『走衆故実』(「群書類従」武家部)
『兵範記』(「史料大成」)
『方丈記』(「新日本古典文学大系」)
『平家物語』(「新日本古典文学大系」)
『増鏡』(「新訂増補国史大系」)
『明徳記』(「群書類従」合戦部)
『康富記』(「史料大成」)
『山科家礼記』(「史料纂集」)
『和名類聚抄』(「箋注和名類聚抄」)

あとがき

公家有識から始めた自分の研究だが，いつの間にか武家故実や武士の衣食住にも興味を抱いていた。武士の衣服への関心は，約40年前，卒業論文で『粉河寺縁起絵巻』の風俗的研究を試みたことがきっかけだった。初めて直垂という衣服に接するとともに，庶民や武士の服装習慣に触れた。また，直垂の成立と水干の関係性に気が付いた。しかし，朝廷貴族社会の有識故実を中心に興味のままに調べて考えることを繰り返していたころ，直垂と水干の関係性を明らかにするアイディアを，2001年「服装の表象性と記号性―盤領と垂領―」として発表した（『日本歴史大事典』第3巻（525–528頁）所収)。その後，武家服制と武家儀礼への興味が一層たかまり，拙論「直垂とはなにか―武家服制の原点再考―」「武家肖像画と服制―長林寺所蔵『長尾政長像』をめぐって―」を執筆する機会を得た。（ともに『服制と儀式の有職故実』（吉川弘文館，2008）所収)。

以上のような経緯をもってようやく本書にたどり着いた。自説や考え方など今後も変わっていくこともあるかと思う。

さて，筆を擱く。ここに至るまで実に多くの方々のお世話になった。授業を受講してくれた学生たち，一緒に仕事をしてきた出版や映像，各種メディアのスタッフのみなさんなど，謝辞をおくりたい人は枚挙にいとまない。研究上，かけがえのない気づきと刺激をいただいている。

特に感謝をお伝えしたいのは，2020年のNHK大河ドラマ『麒麟がくる』でお会いした歌舞伎役者の坂東玉三郎さんだ。諸般の事情で本書の出版をあきらめかけていたころ，このドラマの風俗考証を務めたことから知見を得た。この方との出会いが爆発的な推進剤となり，前進する力をいただいたと思っている。この出会いがなければ，本書は擱座し陽の目を見ることはなかった。

また，大学院のころよりたがいに切磋琢磨を続けてきた城郭史の宮武正登君，戦国史の須藤茂樹君，両親友の存在も忘れてはならない。最後に本書の出版を受け止め進めてくれた吉川弘文館の堤崇志さん，担当して下さった同社の若山嘉秀さん。この場をお借りして御礼申し上げます。ありがとうございました。

なお本書掲載のトレース図版の作成ではNHKアートの峯岸伸行さん・西本幸司さん・山口百合子さんのご協力を得た。自分の古代史ゼミの卒業生・中原桃華さんにもおてつだいいただいた。あわせて御礼申し上げます。本当にありがとうございました。

2023年立秋

佐　多　芳　彦

著者略歴

1963年　神奈川県に生まれる
1993年　國學院大學大学院文学研究科日本史学専攻博士課程後期単位取得満期退学
現在　立正大学文学部史学科教授，博士（歴史学）

〔主要著書・論文〕
『服制と儀式の有職故実』吉川弘文館，2008年
『NHK8K 国宝へようこそ　洛中洛外図屏風』（共著）NHK出版，2021年
「烏帽子の起源と展開」（『立正大学文学部論叢』146，2023年）

武士の衣服から歴史を読む
古代・中世の武家服制

2023年（令和5）10月1日　第1刷発行

著　者　佐（さ）多（た）芳（よし）彦（ひこ）
発行者　吉川道郎
発行所　株式会社　吉川弘文館
〒113-0033 東京都文京区本郷7丁目2番8号
電話 03-3813-9151〈代表〉
振替口座 00100-5-244
http://www.yoshikawa-k.co.jp/

印刷＝株式会社 理想社
製本＝誠製本株式会社
装幀＝河村　誠

ISBN978-4-642-08437-6

佐多芳彦著

服制と儀式の有職故実

〈オンデマンド版〉　Ａ５判・384 頁／15000 円（税別）

有職故実とは何か。先行研究を整理・分析し、絵巻や肖像画を精査。束帯・直垂などの公武服制の成立と展開、平安時代の儀式・儀礼と服装・調度の関係、院政期から江戸時代まで行われた中殿御会、貴族の乗り物や行列などの実態を解明。歴史学のみならず、国文学、美術史、服飾史など隣接分野の研究成果も取り入れ、新たな有職故実の構築を目指す。

吉川弘文館